4000名を成功に導き、人生を変えた

最強のひと言

早川 諒

GOMA BOOKS

はじめに

仕事で思ったような成果が出せない。人間関係がうまくいかない。商品はいいのになぜか売れない。自分はこんなに頑張っているのに周りがついてきてくれない。取引先とどう接していいかわからない。いつも自分の魅力を初対面の人に伝えきれない。

今まで、僕は自分が経営してきた学校で何千人という生徒と出逢い、会社では何百人というスタッフをマネージメントしてきましたが、多くの人がこのような悩みを抱えていました。

そしてそういうときほど、環境のせい、相手のせい、会社のせいにしていたり、または自責に駆られ自分には才能や運がなかったのではと考えてしまいがちです。しかし、それは間違いです。これらの問題は、自分のせいでも他人のせいでもなく、ちょっとしたひと言が足りない、というわずかなコミュニケーション不足の積み重ねによるものなのです。

なので、僕がこの本で皆さんにお伝えしたいことは、実は **〝たった1つ〟** です。

それは、どのような仕事や人間関係に悩みを持つ人も、**〝たったひと言〟で人の心を動かし、自分の人生を動かすことができる**ということです。

僕は2023年現在、7つの会社を経営し、海外事業を次々と立ち上げ「世界と日本に虹をかける」という壮大な夢を追いかけて、尊敬する仲間たちと、やりたい仕事だけに没頭して生きています。

具体的には今まで、セブ島で日本人向けの留学学校を創設し、「0円留学」という、現地で働きながら英語の勉強をすることで学費0円で留学できる斬新なプランを運営する学校を経営して4千名以上の卒業生を輩出してきました。その後、沖縄でも英語学校を開設。国内で留学体験ができる「沖縄リゾート留学」も運営してきました。また、「0円移住」というプロジェクトを立ち上げ、日本の各地域の魅力を伝え、都心在住の方に地方への移住を促進する地方創生事業に取り組んできました。活動拠点としては東京、沖縄、壱岐、京都、セブ島、バリ島、ハワイ、ロサンゼルス、ニューヨークなど、自分の好きな場所で次々と事業を展開しています。

もちろん、まだまだ成長過程ですが、起業する頃に思い描いた、「海外を飛び回って仕事して、社会に価値をもたらし、**誰かの人生を変えるほどの体験と感動を提供**できる事業だけをする」という目標は達成することができています。

また、起業家として会社を経営するだけではなく、次世代リーダーを輩出するビジネススクールの運営や、講演家としても東京都庁での講演をはじめ累計3千名以上の方に講演や企業研修をさせて頂いてきました。

ですが、そんな僕ももちろん順風満帆だったわけではありません。今まで何度も壁にぶつかり、悩み、苦しみ、道に迷いながら、これまで歩んできました。

会社員時代には上司からプレゼンがヘタだと皆の前で叱責されて頭が真っ白になり何も話せなくなったことも、性格的に売り込みが嫌いで上司からセールスの押しが弱いと散々注意を受けたことも、上司とも部下とも信頼関係を築くことができず人間関係に悩んだこともありました。

起業してからも、部下たちに背中で見せたいと想い休日も定時もなく仕事をしていたら、部下たちがついてきてくれるどころか、「**私、早川社長みたいにはなりたくないです**」と言われてしまい、誰も僕のことなんてわかってくれないと傷つき、陰で1人涙を流したこともありました。

そして、まさに僕はこのような辛い出来事や問題が起きるたびに、運が悪い、環境が悪い、上司が悪い、部下が悪い、と心の中で言い聞かせて自分を正当化したり、または自分の才能やセンスのなさに諦めにも似た想いを抱いていたのです。

ですが、今なら断言できます。

そのような悩みを抱えていた原因の大半が、僕に〝**たったひと言**〟足りていなかったことだったのです。

たとえば、「私は早川社長みたいになりたくない」と僕に伝えてくれた部下。

今思うと、僕は自分が頑張って誰よりも仕事をしていれば部下たちが勝手についてきてくれると思い込み、部下に対しても自分の仕事観をただ押しつけて、皆が自分と同じ量と質の仕事ができると信じ、常に今以上の業績と努力を要求するだけでした。そして、「僕だってこれだけ頑張っているんだから、君も頑張ろうよ」と伝えたときに、そのような返答を受けたのです。

もし、あのとき僕が、このように関係が破綻してしまう前に、まずは「**いつも仕事を頑張ってくれてありがとう**」というひと言を伝えられていたとしたら、大きく結果は変わっていたはずです。

このように大きな問題というのは、ある日突然大きくなって訪れるのではなく、日常のちょっとした、**伝えるべきタイミングで伝えるべきひと言を伝えられていない**ことの積み重ねによるものがほとんどなのです。

つまり、もし今あなたが、仕事上の人間関係やプレゼンテーションやセールスに、少しでも悩みがあるならば、それは〝たったひと言〟伝える習慣とテクニックを身につけるだけで改善されます。

「言葉の積み重ねが人生を変える」このことに気がついてから、では**どんなタイミングでどんなことをどのように伝えるべきなのか**について、学び、試行錯誤しながら実践してきた結果、僕の仕事の成果は大きく変わりました。

そして脳科学、行動科学、心理学などの学術的にも根拠のある伝え方を研究し、日常のコミュニケーションに取り入れ、実際に効果のあった方法を何千人もの生徒や何百人もの部下たちに指導してきたことにより、自分だけではなく、誰でもカンタンに再現ができる伝え方を確立してきました。

本書では、これまで僕自身や、生徒やスタッフの体験も含めて、どんな性格の人でも、どんな経歴の人でも、どんなスキルの人でも、今すぐに使える伝え方の技術と、それに伴う考え方や動き方をお伝えしていきます。

この本で僕があなたに伝える〝最強のひと言〟たちが、あなたの心を動かし、人生を動かす言葉になることを、願って。

早川 諒

目次

Chapter II：

『プレゼンテーション』聴く人を強く惹きつけるひと言

Chapter Ⅲ：

『人間関係』信頼を築き上げるひと言

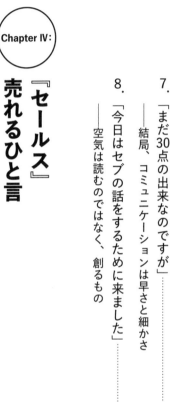

Chapter Ⅳ:

『セールス』売れるひと言

Chapter V：

『モチベーション』不変のやる気を生み出すひと言

Chapter 1：

『自己紹介』自分の魅力を最大限に表現するひと言

1.「セブ島で0円留学を経営している早川です！」
――覚えやすさと希少価値

さて、質問です。
今、初対面の人にひと言で自己紹介をするとしたら、あなたはどう自己紹介しますか？
少し考えてみてください。

ちなみに僕は、起業当初からこう自己紹介してきました。
「セブ島で0円留学を経営している早川です！」

今まで、この自己紹介だけ、**このひと言だけ**で、多くの人に覚えてもらえて、その後の人間関係につながり、直接的な仕事に発展してきました。「面白そうな人だから一緒に仕事をしたい」と著名な経営者や大手企業に声をかけて頂き、この自己紹介のおかげで何億円もの売上が上がったと言っても過言ではないかもしれません。

なぜ、たかが自己紹介にそんな力があるかというと、2つのポイントがあります。**それは「覚えやすさ」と「希少価値」**。つまり、忘れられない人で、しかもそんな人なかなか出逢ったことがない！　ということが、このたったひと言の自己紹介でも、相手の心に残り魅力が伝わる秘訣となります。

この2つのポイントを押さえた自己紹介で僕は、仮に名前や会社名を覚えられなかったとしても、「セブ島の人」「0円留学の人」として認知されるようになり、数々の仕事や講演のオファーを頂くようになりました。

これが、たとえば次のような自己紹介だとしたら、どうでしょうか？

「東京都の株式会社○○の××です！」

これでは、なんの印象にも残りません。覚えやすさもないですし、東京都の株式会社は星の数ほどあるので、希少価値がないからです。

そもそも、仕事をする上で、人から覚えられる順番は、

①サービス名やキャッチコピー
②自分の名前
③会社名

という順になると言われています。なので、会社名で勝負できるような誰もが知っている大手企業に勤めている場合や、覚えてもらいやすいキャッチーな会社名の場合はいいですが、そうでない場合は、ただ会社名を伝えても、ほとんど覚えてもらえないでしょう。ぜひ一瞬で人から覚えてもらえるようなサービス名や、自分のキャッチコピーをまずつくってみてください。

では、このような覚えやすく希少性のある自己紹介は、誰にでもできるものなのでしょうか？

答えはもちろん、〝YES〟です。

「そんな、私には特別で珍しい経歴や仕事なんて何もありません」

こう思われた方もいらっしゃるかもしれません。

そんな方でも、希少性を出すことができるやりかたをお伝えします。
それが、**【組み合わせ法】**です。

「○○なのに、××」

この公式にあてはめて、自分の経歴や仕事で○○と××を埋めてみてください。この○○と××がそれぞれ平凡なことだとしても、**組み合わせることで希少性を出すことができます。**

たとえば、僕の経営者仲間で、**「元学校の先生なのに、今は社長」**という経歴をもった女性起業家がいます。学校の先生も、社長も、世の中にたくさんいるので、この肩書単体では希少価値はないでしょう。
でも、教師から社長になったという経歴の持ち主はなかなかいないので、「え？　どうして先生をやめて起業家になったのですか？」と相手の興味を惹きます。このようなギャップのある2つの肩書や経歴を組み合わせてプロフィールを創ることで、飛びぬけたパワーワードをもっていなくてもあなただけの希少価値を創ることができます。

他にも、たとえば東京都出身というありふれた経歴でも、今宮崎県に住んでいたら、「東京生まれなのに、宮崎在住です」これだけでも、「えっ？　いつからなぜ宮崎に？」と興味をもって頂けるかもしれません。「会社員なのに、副業は社長」「主婦なのに、月収50万円」「2児の母なのに、ウエスト58㎝」「帰国子女なのに、英語力ゼロ」などなど、色々な組み合わせで、「え？　なんで？　どういうこと？」と心にひっかかるポイントを創り、印象に残すことができるのです。

Point

- **自己紹介のやりかた1つで、仕事や人間関係を創れる**
- **「覚えやすさ」と「希少価値」を意識する**
- **組み合わせ法で「○○なのに、××」の公式にあてはめて自分を表現する**

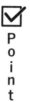

2．「3人で立ち上げた会社を250人規模に拡大しました」
——自分を表現する数字を持つ

自分が何者なのかを客観的に証明するために、数字を使うと説得力が増します。数字を使ったひと言を、自分のプロフィールに必ず入れてみましょう。

僕の場合で言うと、「3名ではじめた会社を250名規模まで拡大」「現在7社を経営」「英語学校では4千名以上の卒業生を輩出」などという数字でこれまでの実績を表現できます。

もちろん、ただスタッフが250名いるから凄いとは限りませんし、7社経営しているから良いとも限りません。それでも、わかりやすく数字で事業規模をイメージして頂くことができるのです。

これがたとえば「多くのスタッフを抱えています」「今何社か経営していまして」「たくさんの人に留学に来てもらいました」というプロフィールだとしたらいかがでしょうか？途端に印象が弱くなり、記憶にも残らなくなります。ましてや、それが凄いことなのかどうかも、判断ができません。**自分を表現する数字を持つ。**これが客観的な信頼性や権威性にもつながります。

ブログ記事も、まったく同じ内容の文章であっても**「タイトルに数字を入れるだけで、明確にPVが伸びる」**というデータが昔から出ています。〝東京都内のおしゃれなカフェをいくつか紹介します〟よりも、〝東京都内のおしゃれなカフェ7選〟のほうが読んでもらえる、ということです。

そして、数字の使い方にはいくつかのポイントがあります。次の3点を意識してみてください。

①なるべく大きな数字を使う

小さな数字よりも大きな数字のほうがインパクトに残りやすいです。なので、数字で表現するときは、なるべく大きな数字で表現しましょう。まだ実績が少ないから小さな数字しかない！　という方も、観点を変えることで数字を大きくすることもできます。

例を挙げると、あなたがセミナー講師だとしたら、「今まで30回のセミナーを開催しました」だと、30という数字が少ないため、インパクトが弱い。それであれば、一度のセミナーに平均15名参加して下さったとしたら30回×15名なので、**「今まで450名の方にセミナーを開催しました」**

こちらのほうが凄そうですよね。どちらも内容は一緒ですが、相手に与える印象は違う。このように、なるべく大きな数字での表現を意識してみましょう。

② あえて、極端に少ない数字を使う

先ほどの大きな数字を使うとは真逆ですが、こちらも使い方によってはとても効果があります。

「日本でたった50人だけがもっている資格」

「第1期生としてデビュー」

「難しい技術をわずか2年で習得」

このようにあえて小さな数字で表現することで希少価値や権威性を伝えることもできます。また、僕たちがセブ島0円留学をヒットさせたように「0円」という言葉もマーケティングではかなりの鉄板ワードです。「今なら初月0円」「入学金を0円にします！」などは、あらゆる業界のあらゆるサービスで使われているキャンペーンですが、やはりそれだけ効果が高い謳い文句です。

③信頼につながる数字の使い方を意識する

ここまで読んで、数字を使うのが良いのはわかったけど、まだ私には、売上○万円、従業員△人、などと誇れるような実績がないからどうしたらいいんだろう……。こう思われた方もいらっしゃるかもしれませんが、ご安心ください。

今現在、数字でアピールできるような実績がない人でも誰でも使える、信頼を勝ち取る数字の使い方をお伝えします。

【継続】を数字で表す

何か1つのことを継続している人というのは、これだけでとても信頼性が上がります。もし何か長く続けていることや、歴の長いものがあれば、これを数字で表現してみてください。「5歳から習いはじめて今現在も続けている」「15年間勤務している」「365日毎日欠かさず行っている」

売上や集客数ではなくても、このようなひと言をプロフィールに入れられたら、1つのことを長く続けられる人なのだ、と本人が思っている以上の信頼感をもってもらえます。

【目標】を数字で表す

何かを目指してチャレンジしている人も、皆から応援される存在となります。そのチャレンジをわかりやすく表現するのも、やはり数字です。実績もなく、継続していることもないという人は、ぜひ**自己プロフィールに、数字で語る目標**を入れてみましょう。「これから毎日、朝6時に起きます」「週に5日は朝ランニングします」これだけでも、その目標を応援してもらえ、その目標を追いかけている自分を覚えてもらいやすくなります。

僕の知人のインフルエンサーは、「100日間で20kg痩せます！」という宣言をプロフィールに載せたアカウントで、どんどんInstagramのフォロワーを増やしました。数字で目標を宣言することが、多くの人の興味を惹いたのです。

Point

- 自分を表現する数字を持つことが大事
- 数字を使うポイントは「なるべく大きな数字」「あえて、極端に少ない数字」「信頼につながる数字」の3つのいずれかを意識する
- 数字で表せる実績がまだなくても、継続や目標を数字にすることができる

3. 「僕は中卒です」
――弱みを個性に変えるひと言

僕の最終学歴は中卒です。15歳の頃、自分で作詩・作曲を行い楽曲制作に没頭していた僕は、音楽を学び音楽活動を中心とした生活を送るために、高校には進学しませんでした。

何より、周りの友達や先生に、なんのために高校に行くのかを問いかけても、「なんとなく」「皆が行くから」「それが当たり前だから」「親に言われているから」などと、1つも魅力的な答えがありませんでした。高校に行かないこと自体が良いこととも悪いこととも思いませんが、なんとなくではなく**「自分の意思で道を決めて歩きたい」**そんな信念のもと選んだ道が、高校には行かずに夢を追いかけることでした。

そのため、中卒であることを、後悔したり恥じたりしたことは一切ありませんし、むしろ誇りに思っています。自分が学ぶべきと思ったことは**自分で意思決定して学んできまし**

た。15歳から社会人として自分の生活費を自分で稼がなければいけない状況下となり、大卒の方より社会人経験が7年も長いので、仕事に対するマインドセットが同世代の人と比べても早いタイミングで醸成された点も社会人としてはアドバンテージになりました。

同世代の友人から、**「今どき高校にもいかないなんて、あいつ人生終わったな」**と陰口を言われたこともあります。でも見てください、終わっていません。むしろあれがはじまりだったと確信しています。

ただ、のちに僕が起業して選んだ事業は留学学校経営を中心とする**「教育事業」**。この教育という分野においては、自分の学歴がかなりマイナスに受け取られてしまうリスクがあるかもしれないとは感じました。

「中卒の人が経営している学校なんて不安だからやめておこう」と、僕の経歴のせいで自分たちの学校が敬遠されてしまっては、スタッフや講師たちにも迷惑をかけてしまう。そう思った僕は、特に起業当初は、あえてプロフィールに学歴を書くこともなく、普段自分の学歴に触れることもありませんでした。

実際にセブ島で留学学校を経営しはじめてから、新規で留学のお問い合わせを頂いた方に学校案内をしたり、知人からの紹介で留学希望者に授業カリキュラムをお伝えしたり、学校の顔として自分が前面に立って人とお話をする場面が多くなりました。その際には、今思うと学校経営者に相応しい**教養のありそうな人感を必死に出そうとしていました。**

ところが、そのような取り繕ったキャラクター設定で、論理的に留学のメリットを語れば語るほど、相手との距離感が広がっていくのを感じました。せっかく興味をもってお話を聞きに来てくれた方も、僕と話すと、「**一度検討します**」「**考えます**」と表情を曇らせていました。

多くの方に受け入れてもらえると思ってはじめたセブ島0円留学は、選ばれるどころか、まったく心に刺さらず、それどころか怪しまれてしまっている。

信頼してもらえるよう、もっと教養溢れる経営者として自分をアピールしなければ……そんなことを考えながら留学プランをお伝えしても留学申込者はまったく増えない。**一体、何がいけないんだろう。**起業前に思い描いていた理想とのギャップに苦しみ、悩む日々でした。

そして、あるとき、決意しました。

このままではダメだ。思いきって、今まで学校経営者としての**弱み**と自分で決めつけていて、できれば隠したいくらいだった自分の学歴について、オープンに話をしてみよう。低学歴である自分と、そんな自分がなぜこの留学学校を経営しているのか。留学をするとのメリットばかりを話すのではなく、自分自身の「**想い**」と「**ストーリー**」を今こそ最大限の熱意をもってお伝えしてみよう。

そうして、僕は自分を表現するために使う言葉を変えました。
それが「**僕は中卒です**」のひと言だったのです。

こんなことを言ったら人からどう思われるかわからない。今まで以上に、そんな低学歴な人が経営している留学学校なんて行きたくないと思われ人が離れていってしまうのではないか。様々な不安を勝手に抱きながら表面を取り繕っていた僕にとってそれは大きな決断でした。

しかし、結果として**このひと言が大きな転機となりました。**「実は私は学歴にコンプレックスをもっていたので、社長も中卒なんて励みになります」「留学なんてエリートのお金持ちしか行けないと思っていたけど、私でもいけるかもと思えました」

このようなお声が届くようになり、留学のお申込みが一気に増えたのです。

「僕は中卒です。高校や大学で英語を学んでいません。だからこそ若い頃に海外留学に興味がありました。でも、当時の僕はお金がありませんでした。そしてお金がない事を理由に、海外留学を諦めてしまったのです。そんな僕だからこそ、かつての自分のような人でも、〝**挑戦したい想いさえあれば誰でも行ける留学学校**〟を創りたいと思って、0円留学を始めたんです」

こんな想いとストーリーを伝えるようになっただけで、売上も満足度も飛躍的にあがったのでした。

僕が中卒だという事実は、一度として変わっていません。でも、一見弱みに思えることを敢えて自ら口にしてみることで、結果が変わったのです。この言葉こそが、**自分が勝手**

に弱みだと決めつけていたことを、〝個性〟へと変えてくれました。

もちろん、そのことにより離れる人もいるかもしれません。でも、同じような悩みを抱えている方から共感して頂けることや、自分を正直に表現することで信頼して頂けること、助けてもらえたり支えてもらえたりすることもたくさんあることを、このとき知りました。

そうして、自分の弱みを1つの個性として誇れるようになったのです。

自分の弱みを個性へと変えるひと言を持つことが、共感と信頼を生みます。

Point

- 表面を取り繕って弱みを隠そうとしても、かえって結果が出ない
- 自分が弱みと思っていることは、その人の「個性」となる
- 弱みを率直に言葉にすることで、逆に信頼や共感を得ることもできる

4.「素敵な機会をくれた○○さんに、心から感謝します」
――人を巻き込み一体感を創る

人を巻き込み、一体感を創る伝え方の秘訣は、「I→YOU→WE」の構成にあります。
つまり、自分を知ってもらい（I）、相手にどんな貢献ができるかを伝え（YOU）、そして一緒に何ができるかを考える（WE）。この伝え方、考え方をするだけで、周囲を巻き込むことができるのです。

たとえば、職場の懇親会。初対面の人たちも多く参加している場で、このような自己紹介をしている人がいたら、どのような印象をもちますか？

「私は、営業を担当していて、今日も5件受注を頂きました。先月も営業成績が1位だったので、今月も1位を取りたいと思います」

実績を数字で語っているし、その実績も素晴らしいものです。それでも、凄い人だ！　という以上に、「感じが悪くて鼻につく態度の人」という悪印象になってしまいそうですよね。

なぜ、せっかく優秀なのに、そのような印象を与えてしまうのか。それは、この人が「I」つまり自分のことしか話していないからです。ちょっと極端な例ではありましたが、実際にこのように、「I→YOU→WE」の最初の「I」で伝え方も考え方も止まってしまう人は意外と多いです。考え方が自己中心的だったり、GiverではなくTakerのマインドだったりすると、それは言葉に現れ、**主語が常に私になってしまいます。**

では、この方はどのように自己紹介をすればよいのでしょうか。それはシンプルに、3つの構成に分けて、「私」「あなた」「私たち」を冒頭に入れて話をしてみてください。たとえば次のように伝えてみましょう。

「(I) 私は、営業を担当していて、今日も5件受注を頂きました。先月も営業成績が1位だったので、今月も1位を取りたいと思います。

（YOU）もし、今日参加している人の中に営業で悩んでいる方がいたら、私でよければ相談に乗るので、今日はぜひ気軽に話しかけてください。

（WE）今月も皆で力をあわせて、チームの営業成績1位を目指しましょう。貢献できるように、私も頑張ります！」

最初の2つの文、つまり「I」の部分は先ほどと何も変わっていません。それでも、その後にYOUとWEの話を入れるだけで、このようにまったく違った印象になるのです。自己紹介の場に限らず、普段から、自分のことばかりを考えるのではなく、相手のこと、皆のことを考えて発言、行動できる人に、周囲は好感をもち信頼を寄せます。自分が普段から「I」ばかりの人間になっていないか気をつけたいですね。

また、発言をする際に、そんなパッとYOUやWEについて話せない。そう思われた方にお勧めしたいのは、**「感謝の言葉」**です。自分のアピールばかりではなく、他者への感謝を伝える。その際に、全体への感謝ではなく、なるべく個人の名前を具体的に挙げて1人1人に感謝を伝える。これだけでその場の一体感を出すことができます。先ほどの職場の懇親会の例で、今度は突然上司から、締めのスピーチを振られたとしましょう。こんな突然の無茶振りにも焦らずに、「I→YOU→WE」の構成を思い出してください。

「（I）私は今日この会に参加できてとても嬉しかったです。正直、普段仕事をしていて辛いな、大変だな、と思うときもたくさんあります。

（YOU）でも、そんなときにいつも、同じ部署の○○ちゃんが励ましてくれたり、上司の○○さんが優しく指導してくださって、辛いときも頑張ろうと思えています。

今日も、このような素敵な会を企画して主催してくれた○○さんに、心から感謝しています。

（WE）今日皆さんとたくさんお話しできて、私は一段とこのチームが好きになりました。また明日からも楽しく仕事をしていきたいので、引き続きご指導よろしくお願いします！」

このように、YOUやWEのパートで、具体名を挙げて感謝の言葉を伝えることで、聞いている人も自分ごととして聞いてくれて、その場の一体感を出すことができます。

人前で話をするときに限らず、普段の言動でも、この構成を常に意識してみてください。

Point

●話をするときの構成は、「I→YOU→WE」を意識する
●普段の仕事や人間関係も、自分の事だけではなく、相手や周囲の事を考える
●個人名を挙げて感謝の言葉を伝えることで、自分ごととして聞いてもらえる

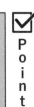

5.「その後、大失敗しました」――人は転がり落ちる話が好き

人を惹きつける話とは、「**エピソード**」×「**メッセージ**」です。この両方を組み合わせましょう。ただの自分のエピソードだけだと、それは「I」の話で終わってしまいます。そのエピソードからの教訓や想いを「YOU」のためになるメッセージとして伝えることで、聞いてくださる方にとって価値のある話になります。その一方で、メッセージだけ伝えられてもただの説教のようになってしまったり、具体的なイメージが湧かずに退屈に感じてしまうかもしれません。ですので、「**なぜそのメッセージを伝えたいのか**」「**なぜその結論に至ったのか**」という根拠をエピソードで伝えることも大切なのです。

たとえば、極端な例ですが、社員にこのようなメッセージを一方的に発する社長がいたら、共感する人は少ないでしょう。

「とにかく、お金が大事だ。ひたすらお金を稼ごう！」

これがまさにメッセージだけの例ですね。でも、このメッセージの前にエピソードを付け加えたらどうでしょうか。

「僕は起業したばかりの頃に、夢と理想だけを追いかけて、赤字になってしまい当時の社員たちに給料を払えなかったことがある。**そのときに思った。**もちろん夢も理想も大事だけど、まずは身近な人が困らないくらいのお金を稼いで、そしてその利益をもとに長期的に夢を追いかけることが経営において重要だと。だから、まずはとにかく、お金が大事だ。ひたすらお金を稼ごう！」

これも最後の1行（**メッセージ**）は変えていません。その前に**エピソード**を足しただけです。もちろん、結局その結論には共感できません、という方もいるでしょう。それでもただメッセージだけの場合と比べると共感度は上がるはずです。

では、どのようなエピソードを語ればよいのでしょうか。僕自身、ハリウッドの映画学校の授業内容なども学び、**「人はどんなストーリーに共感するのか」**を研究してきました。

それによると人は、「転がり落ちる話」が好きということがわかっています。つまり、成功話よりも失敗話が好きなのです。

映画というのは**エピソード×メッセージ**の連続なのでとても参考になると思いますが、基本的な映画の構成として、必ず主人公たちに何かしらの苦難が訪れます。それを乗り越えたと思ったら今度は別の問題が発生する。それが解決する頃には、信じていた人が裏切る……など、定期的に「転がり落ちる話」を入れるのがストーリー創りの鉄則なのです。

なので、あなたが自分について話をするときも、「成功話より失敗話」を意識して話をすることで、共感してもらい、面白いと思ってもらえます。

僕の場合だと、「夢と希望を抱えて起業→その後、大失敗。業績に苦しみ倒産しかける→倒産の危機を乗り越え、順調に事業拡大→その後、大失敗。コロナで留学事業が止まる」など、実際に試練ばかりの人生でしたが、**このような苦難のエピソードからの気づきや学びをお伝えすることで、心を動かす強いメッセージとなります。**

「その後、大失敗しました」

定期的にこのひと言からはじまるエピソードと、そこからのメッセージを伝えることで、相手の心を動かす想いとストーリーが創り上げられていくのです。

Point

- 人を惹きつける話は「エピソード」×「メッセージ」
- 共感してもらえるエピソードは、昇りつめる話より転がり落ちる話
- 「その後、大失敗しました」というエピソードからのメッセージが心を動かす

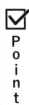

6.「僕を採用すると会社の売上が上がります」
——相手のメリットを考え抜く

僕は今まで何百人も自分の会社で採用しているので、数えきれないほどの採用面接をしています。面接の場での鉄板の質問の1つが「弊社で働きたいと思った理由は何ですか?」だと思いますが、経営者目線で考えると、この質問に対して、NGの答えがあります。

それは、**「御社なら成長できると思ったからです」**

これは「I→YOU→WE」の「I」しか考えられていない悪い例だと思います。厳しいかもしれませんが、成長したいというのはただの本人の願望であり、それだけでは価値がありません。

面接の場であっても、やはり**「YOU」や「WE」の話がどれだけできるかが重要です。**

自分を採用することで、会社(YOU)にとってどんな素晴らしいメリットがあり、どんなワクワクする夢を一緒に追いかけていけるのか、を伝えられたほうが遥かに印象は良いですよね。これは採用面接に限らず、取引先や株主、投資家へのプレゼンやビジネスコンペでもすべて同じです。「成長したい」だけでは、**だったら成長してからもう一度来てください**と思われてしまいます。

ちなみに、僕がセブ島で会社を経営しはじめてびっくりしたことの1つに、社員の給料の決まり方があります。日本だと、通常は求人媒体に、「給料20万円」とか金額が明言されています。

ところが、フィリピンだと給料は求人段階ではあまり載っていなかったり、書かれていても幅をもった書き方だったり（「○ペソ〜○ペソ」）する場合がほとんどです（フィリピンの通貨はペソ）。

では、その状態で面接に来て、どのように給料が決まるのかと言うと、面接で「給料いくらほしいですか?」と直接その場で聞きます。

そこで応募者は「給料は●万ペソほしいです。なぜなら私は日本語も話せてIT企業でも7年間勤めてきて……」などと、希望の金額とその根拠を自己PRします。会社は、その希望金額まで本人から聞いた上で、その額を支払うのに見合うかどうかを判断する。このような流れで正社員も給料が決まっていく会社が多いのです。

また、**海外では多くの国で、「新卒採用」という概念がない**ため、採用とは「既に充分な知識とスキルをもったプロフェッショナルに対して相応の報酬を払い、期待以上の成果を上げてもらうもの」という考え方です。まだ経験も実績もない新卒を一生懸命採用して給料を払いながら育てていくという考え方は、日本のクレイジーな文化だと海外の起業家から言われたことすらあります。

もちろん日本には日本の素晴らしい文化があり、一概に海外が良いということではありません。それでも採用面接というものが、自分を知ってもらい、相手に何が貢献できるかを伝え、一緒にどんなワクワクを追いかけられるかを考えて伝える場だと考えると、より自分の魅力も伝わりますよね。

その一方で、今まで僕が魅了されて採用を即決するようなひと言を語った人たちも、もちろん多くいます。代表的な例を挙げると、当時20歳で僕を痺れさせた若者がいました。

「僕を採用すると、売上が上がります」

彼は面接でそう言って、続けてその根拠を語り、さらに「うちのサービスのクオリティをもっと高くして、もっと多くの人に届けるために、一緒に頑張りたいです」という熱意を見せてくれました。

他の人たちが「成長させてください」と〝I〟の話ばかりする中で、彼はまず「自分を採用すると売上が上がる」と〝I〟から〝YOU〟のメリットについて話をし、最後に「一緒に頑張りたいです」と〝WE〟にまで触れました。

こんな話もあります。出版社の編集者をやっている知人が、「本を出版したい」という人からよく連絡をもらって困っていると嘆いていました。ほとんどの人は、話も聞かず断っているそうですが、その中ですぐに出版を決めた人がいたそうです。

その人は、「最近の売れている本のジャンルは○○ですが、御社からはまだこのジャンルの本が出版されていませんよね。私はこのジャンルの専門家で執筆ができるため、**御社の売上に貢献ができます**」という連絡をしてきたとのことです。他の人が皆「出版したい」「出版させてください」とただの自分の欲求を語る中、出版社側のメリットをしっかりと考えてくれている姿勢に胸打たれて出版を決めたと知人は言っていました。

これも、「僕を採用すると売上が上がります」と同じく、〝WE〟まで踏み込んだ良い例でしょう。

Point

- **自分の願望や欲求を伝えるのではなく、相手のメリットを考え抜いて伝える**
- **面接やビジネスコンペなども、基本は「I→YOU→WE」**
- **相手のメリットを考え抜いて伝える習慣は、何にでも転用できる**

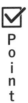

7.「このような想いで、私たちは会社を立ち上げました」——チーム全員が、WEで会話できるか

僕は起業当初、正社員を中心に採用して、社員中心のチーム創りをしていましたが、近年、大きく方向性を変えています。正社員のみにとらわれず、優秀な副業家やフリーランサーを積極的に登用して、若い起業志望者にグループ会社の社長を任せるなど、多種多様な契約形態のスタッフたちが働く**ダイバーシティのグループ企業**となりました。

このようなチーム運営をしていると、「正社員じゃないと愛社精神がないのでは?」「マネージメントしにくいのでは?」と他の経営者から心配されることもあります。ですが、これに関してはまったく問題ないと断言できます。愛社精神や当事者意識、チームとしての一体感を出すのは雇用形態の縛りではなくて、〝**言葉の力**〟だからです。

そう確信できたのは、一緒に働いてくれているフリーランスの方から当初こんなひと言を言われたときでした。

「弊社のサービスは」「うちの事業は」

それまで、社員ではない業務委託の人と会話するとき、先方から僕らのことを「御社は」という言葉で表現されることが普通でした。

その中で彼は、僕らに「弊社は」という言葉を使ってくれて、外部の人感がまったくなく、同じ目標を追いかける社内の仲間だと思ってくれているんだ！　と、とても嬉しくなりました。

それ以降、一緒に仕事をする人は、どのような契約形態でも、僕らのことを「御社ではなくて弊社」と表現してもらっています。

以前、取引先企業の方の言葉にも感動したことがありました。ビジネスで挨拶をするときの言葉は、社内だと「お疲れ様です」。社外の人には「お世話になります」が一般的ですが、その方は取引がはじまるタイミングでこう言いました。

「早川社長、これからは一緒にプロジェクトを立ち上げていく仲間なので、『お世話になります』ではなく、『お疲れ様です』という言葉を挨拶とさせて頂きたいです」

僕はもちろん、2つ返事で快諾しました。言葉を変えるだけで、それまでは「社外の人」だった方がその瞬間から「仲間」に変わったのです。

また、結婚して間もない頃、結婚式場を探していたときにも驚いたひと言がありました。20代前半と見受けられる、式場の若い女性スタッフの方が案内をしてくれたときのことです。

彼女は、最初の会社紹介で、創業のいきさつや理念を僕らに伝えた後、こう言いました。

「このような想いで、10年前に私たちはこの会社を立ち上げました」

繰り返しますが、この方は若い女性でした。10年前のこの会社の創業期には、おそらくまだ学生で、この会社の社員ではなかったはずです。そんな方が、会社の創業時の熱い想いを**「私たち」**という主語で語ったのです。

このひと言で僕はすっかりそのスタッフさんのファンになり、その会社のファンになりました。普通だと「このような想いで、10年前にうちの社長は立ち上げたらしいです」と、他人事のような温度感でつい話してしまいそうな話題を、主語をWEにして話をする。スタッフ1人1人がこのように自社を語れる会社のファンにならないわけがありません。

全員が共通言語を持ち、主語をWEで自社を語る。

これがチームの魅力が充分に伝わる最高の自己紹介ではないでしょうか。

Point

- **多様な雇用形態の人と仕事をする現代のチーム創りで重要なのは、「言葉の力」**
- **使う言葉が変われば、社外の人も〝仲間〟になる**
- **全員がWEで語れるチームは、とても魅力的**

Chapter Ⅱ：

『プレゼンテーション』聴く人を強く惹きつけるひと言

1.「こんにちは！」
――全体の空気感を創り出すひと言

プレゼンテーションや、大勢の人を前にしたスピーチの結果は、〝**空気感**〟で決まります。成功か失敗かは、この空気感によって驚くほど分かれます。まったく同じ話をしたとしても、聴いてくれている人たちが、笑ってくれるかシーンとしているか、目を輝かせているか眠そうにしているのか。これらの状況で、話し手側の話しやすさも大きく変わってきます。

話の内容が良いのは当たり前。その上で、どう空気感を出せるかが、人前で話をするときの大きなポイントです。では、具体的にどうすれば、話を聞いて下さっている方の満足度が高く、自分も気持ちよく話ができる空気感をつくれるのか。

代表的な３つのテクニックを紹介します。

①声を出してもらう
②身体を動かしてもらう
③隣の席の人と話をしてもらう

そもそも、ただ長時間座って他人の話を聞くことは、多くの人にとって退屈なことです。この3つのテクニックをプレゼンテーションの中に定期的に入れて、ただ聴くこと以外の時間を創っていくことが大切です。

①声を出してもらう

手っ取り早いのは、最初の挨拶です。まず「こんにちは！」と挨拶をして、聞いている人に「こんにちは！」と声を出してしっかり返事を返してもらいましょう。これだけで空気創りのツカミはＯＫです。きちんと挨拶をしてレスポンスを返してもらう。これをやらないまま話をはじめると、せっかくの空気創りのチャンスを逃してしまいます。

ただし、しっかりと挨拶が返ってくる保証はありません。こちらが元気よく挨拶しても、会場はシーンと静まり返る可能性もあり、その場合は空気を創るどころか寒い雰囲気となってしまいます。

会場の空気的にこういうリスクがある場合は、次の**裏技**を使います。

挨拶をする前に、「今から僕、こんにちは！　って挨拶するので、ぜひ、元気よく皆さんも、こんにちはー！　って返してくださいね」や「今日はとても元気が良さそうな方が多いですね！　それでは元気に挨拶させてください」などのひと言を入れてみてください。いきなり「こんにちは！」というよりも大きな反応が返ってくる可能性は遥かに高くなります。

そして、こういう前振りをして、しっかりと「こんにちはー！」と返事が返ってきた場合は、「ありがとうございます！　嬉しいー！」とテンション高くお礼を言うと会場の空気はさらに良くなるでしょう。

②身体を動かしてもらう

聴く人がジーッとただ座って話を聞いているよりも、身体を動かせたほうが現実的に眠気もなくなるし集中力も活性化されるのは間違いありません。では、どのように身体を動かしてもらえば良いでしょうか？

▼頷いてもらう
▼手をあげてもらう
▼拍手をしてもらう

こういった動作を促すのが自然です。また、これらの行動を、参加している方の自主性に任せる（＝運任せ）のはダメです。こちらから誘導しましょう。

プレゼンテーションの冒頭や最中に、

「今日の話の中で、タメになる！　と思える話があったらぜひそのときは頷いて話を聞いてくださいね！」

「僕の話を聴くのが、はじめて！　という人、手を挙げてみてください。（なるべく手を挙

げる人が多いと想定される質問にする)」

「拍手お願いします!」

などと、こちらから積極的に、聞き手のアクションを促すひと言を入れていくのです。

また、笑わせたいとき。これもかなりハードルが高いですが、スベったときの保険になり、そこからもう一度笑いが取れる補足のひと言テクニックをお伝えします。

それは、もし何か笑いを狙った発言をしてスベってしまった場合は、**「あれ? 今のところ、笑ってほしかったんですけど!」**とひと言。スベった後でも、このリカバリーのひと言で笑いが取れます。

③隣の席の人と話してもらう

どのようなプレゼンテーションの場なのかにもよりますが、他の参加者と交流ができたり親睦を深められたりすることも、講演や研修の大きな魅力の1つです。そのような時間を設けることで、集中力のリセットとともに、全体の一体感も生まれます。

「では、ここまでの感想を、隣の人とシェアしてください！」

「それでは同じテーブルの人たちで話し合ってみてください！　5分後にテーブルごとに発表してもらいますね！」

などの声掛けを入れて時間を取ることで会場の空気も温まり、満足度も高まりやすいのです。

Point

- プレゼンテーションやスピーチは話の内容以上に空気感が大切
- 空気感は挨拶1つでも創り出すことができる
- 聴いている人の集中力をリセットするには「声を出してもらう」「身体を動かしてもらう」「隣の席の人と話してもらう」

2.「1分だけ僕にくださ い!」――一瞬で全員の視線を惹きつける

プレゼンテーションやスピーチで大事なのは、まず注目してもらうことです。どんなに内容が良くても、注目されなければ適当に聞き流されてしまいます。だから、最初に視線を集めることはとても重要です。

先日、招待された会合で、挨拶程度の短いスピーチを依頼されました。流れとしては、僕のスピーチの場が設けられた後に、歓談の時間となるはずが、手違いで先に歓談タイムへと進んでしまいました。

その後、司会の方が僕の所に飛んで来て、「申し訳ありません。順番を間違えてしまいました。お時間の都合もあり、今からお話し頂けますか? 歓談に入ってしまっているため歓談をすぐに止めるのも流れ的に難しく、このまま**歓談中にスピーチ**して頂けると非常にありがたいのですが……」と言われました。

（マジかあ。）

と心で呟《つぶや》きました。

経験されたことがある方ならわかって頂けると思いますが、歓談中のスピーチって聴いてもらえないので、めちゃめちゃ難しいんです。

このときも、周囲を見渡すと既にみんな隣の席の人と喋《しゃべ》ったり、名刺交換していたり、食べたり飲んだりで、会場もガヤガヤ。とても誰かの話を聞く雰囲気ではありません。司会の方が僕の名前を呼び、ステージに上がってもなお、会場内は立ち歩く人やテーブル内で話し続ける人ばかり。誰も僕のほうを振り向きもしません。スピーカーとしては大ピンチの瞬間でした。

このまま普通に話をはじめても、絶対に誰も話を聞いてくれない。

そこで、僕は、〝勝負のひと言〟を放ちます。

「みなさん、1分だけ！　1分だけ、僕にください！」

ザワザワしている会場の中に、ひときわ大きな僕の声が響きました。そして、このひと言の後はそのままステージの上で、黙って無言で静寂を待ちました。

第1声で会場の半分ほどの注目を集めて、そしてその半数がステージに注目をして静かになったことを感じた残りの半数も次第に会話を止めて視線を向ける。

つい数秒前まであれほど騒がしかった会場が、驚くほどの静寂に包まれました。

その会場を見渡しながら、一呼吸おいて、もう一度大きな声を出しました。

「みなさんこんばんは！　早川　諒です！」

こうして会場は「こんばんは！」の大きなレスポンスに包まれ、その後の僕のスピーチは大成功に終わりました。

人前で話をする際には、必ずしも舞台が整っているとは限りません。自分が注目されない環境下で、話をしなくてはならないときもあると思います。そんなときは、そのまま話すのではなく、まずは注目を集めましょう。

大きな声で印象的なひと言を放ち、その後無言で待ってみる。これが早川流の舞台の整え方です。

Point

- 話をはじめるのは、まず舞台を整えてから
- 舞台を整えるには大きな声と印象的なひと言
- 大きなひと言の後に、静かになるまで沈黙で待つ

3.「でも、皆さん頑張ってますよね？」
——街頭演説で学んだ、通りすぎる人の心を掴む術

僕は政治家の知人や友人も多いですが、政治家の街頭演説からもプレゼンテーションやスピーチについて学ぶことがあります。興味なく通りすぎる目の前の人の足を止めて、目線をこちらに集めて話を理解してもらい心を動かす。とてつもないスピーチ力が必要です。**まさに一瞬で心を動かせるようなひと言を伝えられる力が試される場です。**そういう観点で今後、政治家や候補者の方の街頭演説を聞いてみるのも勉強になると思います。

先日も、ある有名政治家の街頭演説を聞きましたが、そこで、通りすぎる人たちの心を一瞬でつかんだひと言を聞きました。

日本はもう30年間、経済成長が停滞している、給料は上がらず円安で物価も高騰して苦しい状況。そんな現状について話をしていましたが、道行く人の足は止まりませんでした。

その後に、皆が突然ピタっと立ち止まり、耳目を彼に集めたひと言が、次の言葉でした。

「でも、皆さん頑張ってますよね？」

そのとき、それまで「日本が」とか「経済が」という話を他人事として聞き流し興味も示さなかった人々が、「そうだそうだ！」と声を上げて大きく反応しました。駅前の雰囲気が一変した瞬間でした。その後は多くの人だかりができて、みんな最後まで話に耳を傾けて、演説が終わる頃には大きな拍手と歓声に包まれていました。

このときのことをスピーチの専門家としての観点でまとめると、話の構成はこの通りです。

①日本の厳しい現状（**問題提起**）
②「でも皆さん頑張ってますよね？」の問いかけ（**感情の揺さぶり**）
③そんな現状を打破するための具体的な政策・施策（**解決策**）
④自分たちが目指す日本の未来（**ヴィジョン、想い**）

⑤投票の呼びかけ、お願い（**アクション誘導**）

これはビジネスプレゼンテーションや商品ＬＰ（ランディングページ）の構成にも、そのまま活用できる構成だと思います。

なんと言っても僕が注目したのは、やはり聞く体勢を創るキッカケとなった②の感情を揺さぶる問いかけです。

このひと言がなぜ心を掴んだのかを解説すると、次の２つの要因が挙げられます。

①問いかけにすることで、他人事から〝自分事〟にした

②「自分たちの頑張りを認めてくれている、わかってくれている」という共感を得た

これらは、仕事でリーダーがメンバーたちに声をかけるときなどにも、転用できる内容ですね。厳しい現状から目をそらさずに、それでいて全員で前に向かって進んでいくときに力を与えるひと言です。

Point

- ①問題提起→②感情の揺さぶり→③解決策→④想い→⑤アクション誘導
  この構成は人の心に刺さり、ビジネスにも転用できる
- 呼びかけ、問いかけることで、他人事ではなく〝自分事〟として捉えてもらう
- まずは相手を認めなければ、話を聞いてもらえない

4.「歌う前に、お伝えしたいことがあります」
——感動が10倍になる！　ストーリーテリング

歌手である友人のライブに行ったときのことです。「次は、『ハナミズキ』を歌います」という曲紹介がありました。

『ハナミズキ』は一青窈さんのロングヒット曲ですが、このときの僕はたいして興味をもっていなかったので、正直、曲名を聞いても特に心躍ることはありませんでした。ところが、**「この曲を歌う前に、みなさんにお伝えしたいことがあります」と話が続き、「え？なんだろう」**と興味を惹かれました。そして、次のような歌詞の深掘りエピソードを知ることとなったのです。

「ハナミズキは2001年9月11日のアメリカ同時多発テロ事件を受けて、〝100年続く平和〟を祈り書かれた歌詞です。私も、元々ただのラブソングだと思っていたけれど、一青窈さんのインタビューを読み、歌詞の背景を知り、深い感銘を受けたので、どうしても今日はこの曲を歌いたい。今日このライブに来て下さっている方も、改めてこの歌詞が伝えているメッセージを心に響かせながら聴いてほしいです」

彼女は、スポットライトの下で涙を浮かべながら、そのような話をした後に、言いました。「それでは、聴いてください。……〝ハナミズキ〟」

美しいピアノのイントロからはじまったその日のハナミズキは、今までの人生で何度も耳にしたことがある、どのハナミズキよりも強く大きな感動を僕に与えてくれました。

このように、人は、まったく同じものに触れたとしても、**ストーリーや背景を知ることで感動が10倍にもなるのです。**他にも同じような体験があります。

絵画の巨匠ピカソの代表作〝ゲルニカ〟を観たときのことです。正直、ピカソの絵は僕のような素人が見てもなかなか魅力を理解できません。ゲルニカを最初に観たときも、「なんだかよくわからないな」と、流し観をして終わりました。ところが、ゲルニカもその絵に込められた**ストーリーがある**ことを知り、調べてみることにしました。

ゲルニカは、1937年4月26日にスペインの街・ゲルニカがナチスにより空爆を受けた事件をもとに、反戦をテーマに、逃げ惑い泣き叫ぶ人々や動物を描き戦争や暴力への徹底的な抗議を示した作品だったのです。のちに、ナチスの役人がピカソに、「この絵を描いたのはお前か?」と聞いたところ、ピカソが「いや、この絵を描いたのは、あなたたちだ」と返したという逸話が残されています。

このときも、この背景を知ってからもう一度絵を観たときに、震えにも似た鳥肌が立ったことを覚えています。まさに、感動が10倍になりました。絵は変わりません、変わったのはただ自分の見方です。そんな人の見方を変えて**感動を生み出す力が、ストーリーにはある**ということをこのときも知ったのです。

もちろん、芸術作品などは、背景など知らなくても感動を創り出すことを本来目指しているかもしれません。でも僕たちが日常的に発する言葉や、起こした行動、または職場での仕事などは、**「お伝えしたいことがあります」**と、ひと言添えた上でそのストーリーと背景を伝えることによって、受け手側の心を大きく動かすことができるのです。

Point

- **「お伝えしたいことがあります」のひと言で相手の興味や関心が生まれる**
- **ストーリーや想いを知ることで、感動は10倍になる**
- **自分の発言や行動や決断も、ストーリーや想いを伝えることで説得力が増す**

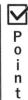

5.「僕は断然Bですね」——10人中9人がAでも、たったひと言でBに変えられる

おかげ様で、僕は経営やWebマーケティング、海外進出や採用戦略などのコンサルティング依頼を多数の企業から頂いています。

そんなコンサルティング先の会社の商品会議で、デザイン案が2パターン、デザイナーより提出されてきました。この商品のデザインをAパターンで行くかBパターンで行くか議論が交わされて、最終的に会議に参加している約10名全員から個別で意見を回収することになりました。

僕の立場は社外コンサルティングで、決裁権があるわけではありません。会議にはその会社の社長や役員もいたので、僕の意見は参考にはしつつも、最終的に決めるのは決裁者である、この会社の経営陣という状況でした。

そのとき、僕はBを推そうと思っていました。僕自身の知見や経験から、AのデザインよりもBのデザインの方が売れると確信していたからです。ところが、いざその場で意見を回収しはじめると、最初の1人が**「私はAが良いと思います」**と言いました。すると、2人目も**「そうですね、私もAかなあ……」**3人目**「うん、私もAと思っていました」**と次々と賛同してしまったのです。

もちろん、プロフェッショナルとして、僕とは違う観点から意見を出してもらい議論が活性化するのは大歓迎なのですが、このときの会議にはそのような空気感はなく、なんとなく最初の1人がAと言っていて、今やAが完全なマジョリティ（多数派）だから、自分もAと言っておこうという温度に感じました。

うーん、さすがになんとなくの空気感でAになるのは嫌だなあと思っていたら、なんと10人中9人がAという意見になり、もう完全に決まりそうだけど、念のためあなたの意見も最後に聞きますね的な流れで僕の発言の場となりました。そこで、僕はここでも〝勝負のひと言〟を放ちました。

「**僕は断然Bですね**」

この言葉で、明らかに会議室の空気は一変しました。もはや惰性で意見を交わしていた数秒前とは打って変わり、僕のBという意見と、それに続く根拠説明を真剣な表情で聞いてくれました。

僕が話し終わる頃にはすぐに、**「確かに、やっぱりBかもしれない」**と同調する声が飛び交いはじめました。結果的に、この会議では、10人中9人がAと言っていた意見が覆り、僕のひと言で、Bが採用されることになり、その商品はのちにこの会社の看板商品として大きな売上UPにつながったのです。

これがもし「いや〜、AよりBじゃないですかね?」「僕はBのほうがいいと思うんですけど……」という伝え方だったら、間違いなくこの結果にはならなかったでしょう。意見を覆すこと自体が目的ではないので使い方には気をつけてほしいのですが、自分に明確な意見がある場合は、なんとなくの周囲の空気感に流されずに意見を伝える。そして、その伝え方は、このときの「**断然**」のように、なるべく**強い言葉**を入れることで話を聞いてもらいやすくなります。

このような**短く強い言葉**で意見を伝えることで、最初はマイノリティ（少数派）であっても自分の意見に皆さんの気持ちを引き寄せる経験をプレゼンや会議の場で何度もしてきました。

もちろん、「断然」以外にも使える言葉はたくさんあります。

「個人的には**B一択**ですね」「**間違いなく**Bだと思います」「僕の気持ちは**9割方**Bですね」
「Aと比べると**圧倒的に**Bじゃないでしょうか」

などの強い言葉をひと言を添えて意見を言うことができます。また、注意点としては、こういった言葉は、あくまで自分の個人的な意見や感情に対してのみ使うことが重要です。

「Bなら絶対に売上が上がります」

とは、誰も断言ができませんので使ってはいけない言葉ですが、自分の意見に対して自分

が断言することはなんの問題がないので、

「僕は、確信をもってBを推しますね」

というように、自分の意見に対する表現として使ってみてください。

Point

- 会議などの場での多数派の意見は、「なんとなく」のケースも多い
- 自分が少数派でも、明確な意見があれば伝える。ただし伝え方が重要
- 自分の意見に皆の気持ちを引き寄せるには、**強い言葉**を使う

6.「セブ島NO.1のコールセンターです」
――おもしろいように仕事が取れたひと言

東証プライム上場の大企業を退社し、セブ島で会社を設立した当時は、昔からの仲間にも笑われました。**英語力ゼロ、海外経験ゼロ、知り合いゼロで、突然海外で起業**したのだから、馬鹿にされて当然だったかもしれません。

また、事業も、留学学校とコールセンターを同時に立ち上げて、コールセンターで働きながら英語学校に通うことで学費・宿泊費が無料となる「0円留学」という当時とても斬新なモデルだったので、なおのこと勝率が低いように周囲の目には映ったことと思います。

でも、僕には勝機が見えていました。

それは、プロフィットセンター（利益を生み出す部門）となるコールセンターでの勝ち筋が見えていたからです。「0円留学」は英語学校としては、授業料を頂かずに生徒を受け入れるため、この時点では売上が上がらず、その分働いてもらうコールセンターで収益を上げるという、**マネタイズポイントを学校経営の常識からズラしたビジネスモデルです。**

そのため、収支の観点では大きく鍵を握るのはコールセンターなので、クライアント企業からセブ島でのコールセンター案件を多数受注できれば利益が出る、逆を言えばこのコールセンター案件を受注できなければ赤字となることは明白でした。

ただ、当時は海外にオフショア拠点を持ったり、海外のＢＰＯ（外部委託先）企業とアライアンスを組む日本の大企業が増えはじめていたタイミングです。その需要がある中で、日本人のオペレーターが低コストでコールセンター窓口を請け負えることには**確かなニーズがあると確信していました。**

そうして僕は、１ヶ月のうち３週間はセブ島にて現場のオペレーションを行い、１週間は東京でひたすら何社もクライアント商談を周りました。そこでプレゼンして新規の契約を決めてまたセブ島の拠点に戻り、現場でその新規案件を立ち上げる。

英語学校の運営やマーケティングも並行しながら、コールセンターでは自分でこのような動きを繰り返していました。

もちろん、最初は**大手企業に商談に行ったところで相手にもされません。**会社の認知度はなく、セブ島から来ましたというと、「セブ島？　何してる会社なの？　怪しいことをやっているんじゃないよね？」という反応がほとんどだったのです。

このままでは相手にされず、案件も増やせない。立ち上げ当初は赤字続きだったので、早く採算をあわせないといけない。そのためには大手企業に、うちの会社に発注することの魅力をもっとシンプルに伝えられないといけない。それを実現するには、わかりやすい、**明確なキラーアプローチとなるひと言**が必要だと考えました。

そこで、起業当初、ビジネス戦略としても幅広く浸透している「ランチェスター戦略」を採用して、限られた領域でＮＯ．１になることを目指したのです。

その武器として、０円留学がちょうど話題になりはじめたタイミングだったので、思いきって先行投資をして人数を拡大することに決めました。売上が立つ目途もない中で、先行して人を増やすことは大きな賭けでしたが、結果として、セブ島のコールセンターだけで１００席ほどの稼働を実現することができるようになったのです。

そこから、このキラーアプローチで多数の企業との新規取引の扉を開いてきました。

「僕らは、セブ島日系NO．1の人数規模を誇るコールセンターです」

こうお伝えすると、海外企業との取引に興味がない企業は引き続き門前払いですが、海外への発注を少なからず検討していた会社は、すぐに興味をもって頂けて、爆発的に契約率が高まりました。

そうは言っても当時の100席程度の席数というのは、東京のコールセンターではありふれた規模感。でも、そんな中規模程度の僕らでも、セブ島の日系コールセンターというカテゴリーの中での人数規模で言えば1位を謳うことができる。

このひと言を使いはじめてからは、面白いように仕事を頂けるようになりました。紹介やリピートも増え、新規商談に行っても、**「ああセブ島のコールセンターでしょ、知ってるよ」**と起業当初が嘘かのように話を聞いてもらえるようになりました。こうして急激に利益化していくことができたのです。

このように、小さなベンチャー企業は狭いカテゴリーでも、「この分野では僕らが業界1位」「○○と言えばうちの会社！」と呼べるものができれば、市場でのポジションを確立し、業績向上につなげていくことができます。

Point

- 勝機が見えるビジネスモデルを創る
- 会社紹介や商品説明の際に、キラーアプローチとなるひと言を持つ
- 狭い領域でも、業界NO．1と呼べる差別化された強みを磨く

7.「今日皆さんに伝えたいこと、それは！」
――〝間〟の位置を変えるだけで相手の心に残る

僕は今まで講演家として何百回とステージに立ち、合計3千名以上の方にお話をさせて頂きました。そして自社で開催するスピーチ講座では、初心者でも誰でも「**人の心を動かすことができる**」ようになるスピーチの講義や指導をしています。

そんな僕も、元々は人前でまったく上手に話せませんでした。話を振られても緊張して言葉が出てこない。そんな僕がスピーカーやプレゼンターとして大きく成長できたキッカケの1つが、自分の経営するセブ島の英語学校で、フィリピン人の英語の先生からプレゼンテーションを習ったことでした。

英語力ゼロで海外起業した僕は、定期的に自分の学校の、自分が雇用している先生から個人指導を受けていました。特に、会社の会議やイベントでは、社長の僕が締めのスピーチをするのが自然の流れ。どんなに英語がヘタでも、重大な会社の行事やイベントでは、通訳を通さずに自分の言葉でフィリピン人スタッフに想いを伝えるべく、イベント前は特に重点的に英語でのプレゼンのレッスンを受けていたのです。

ちなみにフィリピン人は総じてスピーチが上手く、日本人より全体的に遥かに高いレベルにあります。理由はいくつかありますが、学生時代に学校でプレゼンテーションの授業があり、そこで人前で話す訓練をしてきているからだと、僕の先生は言っていました。

レッスンの流れは次のようなものでした。スピーチの内容をまず決めて、紙に英文を書き出して、一緒にその紙を見ながら、**どこを強調するのか、どこで区切るのか、どこで一呼吸あけるのか、どこを早く読み、どこをゆっくり読むのか。**

徹底的に赤線を入れていきます。そのビッシリと注釈が書き込まれた紙をもとに、僕が実際に何度も読み、1文ずつ、「そこはもっとゆっくり！」とか「そこでもっとエモーショナルに感情を乗せて！」などのアドバイスを受けながらひたすら練習しました。

受講する前は、ただ発音を矯正してくれるくらいかと思っていた僕は、そういった**日本**

語のスピーチでもそのまま使えるスキルを、フィリピン人の先生から学び磨いていったのです。

このとき、自分が受けて圧倒的にプレゼン力を伸ばすことができた指導内容が、今は僕が自分のスピーチ講座の生徒を指導する時のベースにもなっています。

その中で特に印象に残ったことが、〝間〟の取り方でした。

講演やプレゼンテーションやスピーチで、とても重要になってくるのが「**強調して伝えたいメッセージの前に、必ず〝間〟を開けること**」**なのです。**

また、そのときにゆっくり呼吸をしながら、しっかりと目線を上げて会場を見渡し聴衆1人1人の顔を見る。それからメッセージをゆっくり大きな声で伝えること。これだけで、同じテンポで間を開けずにメッセージを伝えるよりも遥かに心に残るものになります。

では、具体的にどうやって〝間〟を入れるのか。

ここからは僕のオリジナルテクニックの1つですが、「**伝えたいメッセージの前の接続詞を、1つ前の文章の語尾にくっつけて、その後に〝間〟を入れる！**」これが上手くできるとめちゃめちゃカッコ良く決まります。

わかりやすく例を挙げると、あなたがプレゼンテーションで伝えたいメッセージが、「まずは行動しよう！」だとします。

普通に喋ると、

「考えているだけでは何も変わらない。／間／ だから（接続詞）、まずは行動しよう！」

と、〝何も変わらない〟の後に、〝間〟が入るでしょう。

でも、この「だから」を1つ前の文章である、〝何も変わらない〟の語尾にくっつけてしまい、〝間〟を、接続詞の後にもってきてみてください。

「考えているだけでは何も変わらない、だから！ ／間／ まずは行動しよう！」

いかがでしょうか？　「だから」を前の文章につなげて、伝えたいメッセージの直前に〝間〟を入れることで、**より大切なメッセージが強調されたひと言**になります。この場合、文章の前半である〝考えているだけでは何も変わらない、だから！〟をだんだんクレッシェンド（徐々に声量をあげて）して、徐々に早口にして、〝だから！〟を一番大きな声で読んでください。こうすることで、その後の〝間〟が、より一層引き立ち、結果としてメッセージが最も引き立ちます。


他にも、このような活用方法があります。

「苦しい状況かもしれない、でも！　／**間**／　ともに乗り越えよう！」

「今すぐはじめたほうがいい、なぜなら！　／**間**／　今が10年に一度のチャンスと言われているからです」

など、様々な形で応用することができます。

Point

●プレゼンテーションはセンスや才能ではなく、練習次第で磨けるスキル
●スピーチの上達方法を適正に指導すれば、必ず上手になる
●伝えたいメッセージの直前に〝間〟を入れることで強調できる

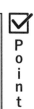

8.「その髪型だと、似合いませんよ」
――プロフェッショナルは、否定することで信頼を勝ち取る

仕事でお客様や上司や部下、クライアントや取引先と良い関係を築くためには、その仕事のプロフェッショナルとして信頼して頂くことが何より大切です。

プロフェッショナルにも色々な定義がありますが、**「顧客のなんとなくの意見や要望を、最高の結果に変える人」**というのが僕の中の1つの定義です。お客様や上司が事細かに正しい指示や要望を出してくれないと良い仕事ができないのでは、プロとは呼べません。

僕にそう気づかせてくれた、プロフェッショナルな美容師がいます。

20代前半の頃、なんとなく見つけた駅前の美容院に入った僕は、そこで彼に出逢いました。鏡の前に座り、モデルとなる有名人の写真を見せながら自分が希望する髪型を伝えたときです。その美容師さんから、信じられないひと言が返ってきました。

「その髪型だと、似合いませんよ」

え？　僕は思わず振り返り美容師さんをまじまじと見ました。普通、そんなことをいきなり言ってくる美容師さんはいません。

しかし彼は、そんな僕の様子を気にも留めず、「早川さん、今日の服装は黒ですけど、普段から黒い服が多いですか？」と尋ねてきました。「は、はい。そうですね」と僕が答えると、さらにいくつかの質問をしてから、こんな提案をされました。

「早川さんの瞳の色と肌の色、よく着ている服の色から考えると、まず髪の色は、ご希望より少し暗めのほうが間違いなく似合います。またカットに関しては、顔の輪郭や大きさから考えると、ご希望のスタイルよりトップを短くしたほうが良いです。格好よく仕上げるので、よろしければ、**私に任せてもらえませんか？**」

最初は驚いたものの、そこまで言い切る姿勢に、プロフェッショナルを感じずにはいられません。そもそも髪型に対して素人の僕が、なんとなく希望した髪型に対して「はい、わかりました」と言われるより、遥かに信頼ができて、この人なら任せられると思えたのです。

そしてカットもカラーもとても良い感じに仕上がりました。それ以降、その美容院に定期的に通うようになりましたが、毎回、「今回もイメージが湧いてきました。任せてくださ い」と言われ、仕上がると「最高の髪型になりましたね！」と僕以上に無邪気に喜んでいるその方に、全幅の信頼を寄せてすべてをお任せするようになりました。

世の中の仕事は、**〝サービス提供者はその道のプロだけどお客さまは素人〟**という関係性で成り立っていることがほとんどです。なので、あまり詳しくないお客様やクライアント、現場を直接見ていない上司のなんとなくの意見や要望にあわせて、クオリティを下げるのはプロの仕事ではありません。

僕も起業当初など、クライアントから要望を頂くと、内心「それだとうまくいかないんじゃないかな……」と思いながらも、クライアントが望むならば、と相手にあわせて仕事をしたこともありました。変に否定して相手の機嫌を損ねて仕事を失ってしまうことが怖かったのかもしれません。

しかし、相手のなんとなくの要望にあわせた仕事は、大体うまく行きませんでした。そして結果が出なければクライアントにあわせて機嫌を取ろうが、結局仕事は長くは続きません。その頃、この美容師さんの仕事に臨む姿勢を思い出して、スタンスを改めて、プロフェッショナルな姿勢を保つことで、うまくいくようになりました。

最近も、コンサル先の企業から「こうしたい」と言われたことに対して、「いや、そのパターンで失敗している企業を僕たくさん見てきました。正直それだとうまく行かないのでやめたほうがいいですよ。違うパターンでいきましょう」とキッパリと相手の要望を否定したところ、

「それは知らなかった。やはりプロである早川社長に相談をしてよかったです。ぜひそちらのパターンでいきましょう」と喜んで頂けました。

信頼を勝ち取ってプロの仕事をしたければ、次の3つの順序で仕事をしましょう。

1. たとえ、ときに顧客の意向に反することでも、プロとしての率直な意見や見解を伝える
2. その根拠を説明する
3. 相手の意見を否定するときは、その意見を上回るプロとしての意見を出す

この3つを伝えることで、機嫌を損ねるどころか逆に信頼してくださることがほとんどです。これが、信頼を勝ち取るプロフェッショナルとしての良好な関係の築き方ではないでしょうか。

Point

- お客様のなんとなくの意見を、なんとなく肯定しない
- 表面的に意見をあわせても結果が出なければ関係は続かない
- ときに否定してでも、プロとしての見解を伝えるのが良好な関係の築き方

Chapter III：

『人間関係』信頼を築き上げるひと言

1.「えー！　めっちゃおもしろそう！」
――たった1人のたったひと言が、僕の背中を押してくれた

ＶＵＣＡ（予測困難）の時代と言われるこの現代で、最も必要なスキル。それは、ＰＩＶＯＴ（方向転換）する力です。

僕はコロナ前まで海外留学学校をメイン事業として経営していたので、当然会社はコロナで絶望的なダメージを受けました。しかし、結果として僕は、その後コロナ以前よりも遙かに大きな売上規模、利益規模に成長させることができたのです。

もし「今までやっていたから」「それしかできないから」という理由で、コロナ禍の時代の流れに逆流して海外留学事業をやり続けたり、ただなんとなくの希望的観測でアフターコロナを待っているだけだったら今の僕はいませんでした。

かと言って、「一か八かの賭け」や「自分になんのノウハウもないけれど儲かっていそう

な業界だから」という安易な理由で、まったく未知な事業や業種に飛び込んでいたとしても失敗確率は高かったと思います。

そんな状況下で、なぜコロナ禍になってから大きく売上を伸ばすことができたのか。その要因の1つは、ＰＩＶＯＴする力でした。自分たちの今までのノウハウや経験やスキルは**「軸足」**として動かさずに、業態や領域や分野や場所となる**「もう一方の足」**を大胆に動かしてみる。これがＰＩＶＯＴ力です。

〝留学学校を経営するノウハウ〟という軸足を置きながら、**場所をセブ島から沖縄に変えてみる。**

〝オフィス勤務スタッフをマネージメントするノウハウ〟に軸足を置きながら、**リモートワークスタッフを一気に雇用して遠隔でマネージメントしてみる。**

〝英会話を伸ばす教育力〟に軸足を置きながら、**対面授業からオンラインでの指導に変えてみる。**

僕はこの数年間で数多くの新規事業を立ち上げてきました。一見すると全然違うジャンルに果敢に挑んでいるようにも見えますが、実際にはこのように、常に軸足を固定したまま事業展開をしているので、リスクも少なく、勝率の高い、手堅い事業拡大なのです。

まさにコロナ禍で海外留学事業がすべて止まったとき、社内外問わず、この状況下では新しいことを一切やらずに、守りを固めてコロナが終わるのをおとなしく待つのが賢明だ、という声をよく頂きました。

でも、**〝未知への挑戦〟**を信条とする僕が、おとなしく待てるわけがありません。

このまま次の手を打たずに待つのではなく、今こそ新しい仕掛けを打ち勝負に出ないと致命的になる。そう思い、セブ島留学から沖縄留学へのＰＩＶＯＴをすぐに考えました。

英語学校を経営するという自分たちの経験を活かせて、海外に行けない今だからこそ沖縄に行きたいという確かな需要を時流の中に感じた僕は、この沖縄での新規事業に勝機を見出していました。

しかし、やはり社内外問わず**「無謀だ」「この時期に新しいことをはじめるなんてリスクが高すぎる」「やめたほうがいい」**という意見を頂きました。僕ももちろん、万が一失敗をしたら後がないこの状況下で、51％の勝算と同時に49％の不安を抱えていました。

何度も事業計画を練り直し、企画を立てる中で、毎日のように、「絶対に行ける！」と「いや、もしかしたらダメかもしれない」と揺れ動き、迷い、恐怖に襲われながらプロジェクトを進めていきました。

そんな中、妻にこの考えを打ち明けることにしました。

コロナ以前はセブ島で妻と一緒に住んでいた僕ですが、コロナ禍でセブ島は突然、世界最長とも言われるロックダウン状態に。いきなり家に帰れなくなってからは、僕は東京のオフィスの近くで1人ホテル暮らし。そんな状況で妻を呼ぶこともできず、彼女は関西の実家に戻り別居状態が続いていました。

僕は、妻に連絡して、現状と、これから沖縄で新規事業を立ち上げることを伝えました。新規拠点を立ち上げるのであれば、僕自身が沖縄に住んで現場に入り立ち上げなければいけない。

なので、沖縄に移住をすること。そして、会社の経営状況から考えても、この沖縄の新規事業立ち上げに失敗したら、もう後がないこと。これらを深刻な面持ちで伝えたのです。

ところが、そんな僕の話を聞いた妻が発したのは、「**えー、めっちゃおもしろそう！　わたしも行く**」という、とても軽いノリの返事だったのです。

もちろん、妻も不安でいっぱいだったに違いないけれど、深刻に話す僕を勇気づけるためにあえて軽く言ってくれたのでしょう。その言葉を聞いて、それまで抱えていた不安がすべて小さなことに思えて、どこかに吹き飛んでしまいました。とても高く感じられた目の前に立ち塞がる壁が、そのひと言でとても小さなものに感じられました。

そして、すぐに2人で沖縄に行きました。北谷のアメリカンビレッジの海辺で、オリオンビールを飲みながら見たあの日の夕陽は今でも忘れることができません。東シナ海にゆっくりと沈んでいく夕陽を見つめて、「**絶対にこの場所で再起して、信じてここまで一緒**

に来てくれた妻と、従業員、クライアント、お客様、すべての人に必ず恩返しをしよう」
と固く決意したのでした。
その日から約3ヶ月後に僕たちの沖縄事務所は無事にオープンし、やがて事業としても大きな成功を収める拠点となったのです。

もし、あのとき妻に反対されたり、またはとても深刻に受け止められていたら僕の決断やその後の会社の未来は大きく変わっていたかもしれません。とても軽いノリで返されたひと言が僕を安堵させ、その安心感が背中を押してくれました。

仮に多くの人が反対しても、たったひとりでも応援してくれる人がいるならやり遂げることができる。そして**守るべきものがあるということは、失うものがないことよりも遥かに大きな力になる。**そう気づかせてくれました。もしもあなたの大切な人が重大な局面を迎え悩んでいるとしたら、そっと背中を押すひと言を、ぜひ伝えてあげてください。

Point

- 現代では、PIVOTする力がとても重要なビジネススキルとなる
- 大切な人の何気ないひと言が背中を押してくれる
- たった1人でも応援してくれる人がいれば、人はやり遂げられる

2.「あいつは、実はすげー頑張ってるんだよ」
――陰口の対義語〝陽口〟こそが、周囲にポジティブな影響を与える

陰口の対義語をご存じでしょうか？

意外と知られていないのですが、陰口には対義語があり、〝陽口《ひなたぐち》〟と言います。陰で人を悪く言ったり噂話を巻き散らしたりしている人は、それだけで信頼を大きく失います。その一方で、裏でこそ人を褒める、本人がいないときこそ、その人を立てる発言ができる人は、裏表がない人として、それだけで信頼を集めることができます。

会社勤めをしていた頃の話ですが、隣の部署の部長で、外から見ていてもめちゃめちゃ怖い人がいました。頻繁に部下を叱り、強い言葉で厳しく結果を求める姿勢は、当時の僕にとって恐怖の対象でした。まあ、隣の部署だから自分には関係ないと思っていたのですが、ある日、組織編制の変更があり、その人の部署に自分が異動することになってしまっ

たのです。

「うわー、終わった！」

そう心で呟いた僕は、その人の下で働くかと思うと正直、憂鬱な気持ちになりました。そして、異動初日にさっそく開かれた部署会議で、ますます僕の気持ちは萎えました。会議では1人1人の進捗状況を部長自ら細かく確認して、ときに厳しく叱責することもあります。なるべく気配を殺して自分が突っ込まれないように息を潜めて参加していたことを昨日のことのように思い出します。

会議後、そそくさと帰ろうとしていた僕に、部長が**「今夜ヒマ？　ちょっとご飯でも行こうか」**と声をかけてくれました。「すみません、ちょっとお腹が痛くて」という言葉が一瞬脳裏をよぎりましたが、**「はい！　喜んで！」**と条件反射で元気よく返事をしてしまいました。

ところが、気が乗らなかったこの日の彼との食事で、僕の部長への印象は180度変わることとなったのです。

まだ異動してきた初日で、部署の他のメンバーのこともほとんど知らなかった僕は、各メンバーの役回りや仕事内容について聞いてみたのですが、その部長は誰の話になっても、**「あいつはすげー頑張っている。優秀で気配りができて、とても評価してるんだよね」**というような褒め言葉を必ず言ってくるのです。ついさっきの会議で、本人に対して「全然ダメだな、もっと頑張れ！」と1人1人に叱責していた人と同一人物とは思えず、はじめは耳を疑いました。

その後も、その場にいない部署メンバーのことを、とにかく褒めて、立てることしか言いませんでした。思わず、「でも先ほどの会議では、○○さんに対して、かなりダメ出しされてましたよね？」と突っ込んでみると、**「もちろん、あいつにはとても期待しているし、もっとできると思っているからこそ求めるよ。でも実際には凄く認めている。あんなに優秀な人はなかなかいない」**と、なんの計算もなく、本音で思っていることを口にしてくれている様子でした。

これまでの社会人生活で、逆の人はたくさん見てきました。つまり、本人の前では良いことを言って、陰ではその人の悪口を言う人です。しかし、ここまで陽口を言う人を当時はほとんど見たことがなかった僕は、新鮮な驚きとともに目の前の部長に対する強い信頼感が芽生えました。

それ以降、その部長に厳しく指導されても、不満や反発感情を持つことはほぼありませんでした。**〝この人は、本当はわかってくれている。ちゃんと見てくれている〟**という信頼が根本にあり続けたからです。また、強烈な上司が束ねている部署というのは、もっとピリピリした雰囲気だと思っていましたが、不思議とこの部署にはプレッシャーがありながらも、温かい空気感が流れていました。

その要因は、誰かが部長から怒られたとしても、「この前、部長とご飯行ったときに、あなたのことをとても評価してたよ」と、自然とメンバー同士が声をかけあっていたからなのです。そうやってお互いにフォローしあうことで、皆のメンタルも安定していました。

これは、**ウィンザー効果**と呼ばれる心理効果でも説明がつきます。それは「**当事者が自ら発する情報よりも、第3者を介して発信された情報のほうが信頼性を獲得しやすい**」というものです。

マーケティングでも、企業が「自社の商品がとてもいいです！」とアピールするよりも、口コミで消費者が「使ってみたら実際に良かったです！」と書いてくれるほうが、信憑性につながることがありますよね。これがウィンザー効果です。部長が直接「あなたを評価している」と伝えるよりも、第3者から「部長があなたをとても評価していたよ」と聞かされるほうが、受け手側の喜びがさらに増すということです。

そして、陰口も陽口もどちらも、聞かされた人は「あの人こう言っていたよ」と言いたくなるもの。**ウィンザー効果はプラスにもマイナスにも強く働きます。**それであれば、プラスのウィンザー効果をもたらす陽口を言って、良好な人間関係を築いていきたいものですね。

Point

●陰で人を褒めることを、陰口の対義語で、〝陽口《ひなたぐち》〟という
●第3者から発信された情報の方が信頼性が高いことをウィンザー効果という
●普段から、陽口を言う習慣を持つことで、プラスのウィンザー効果が働く

3.「37ページ目の3行目が良かったです」
——ただの〝良かったです〟では絶対に人の心は掴めない

誰もがこの先の人生で、**〝感想〟**を口にする機会が必ずあります。

この〝感想〟をどのように口にするかで、自分が相手に与える印象は大きく変わってくるので、**感想を伝える力を磨く**だけで、人間関係を豊かにすることができます。

具体的に、感想を求められたときに絶対に口にしてはいけないNGワードがあります。それは、

「良かったです」のひと言です。

こんな陳腐で誰でも言える言葉で感想を終わらせてしまった時点で、これを伝えた相手と深い信頼関係を築くことは難しいでしょう。この人ちゃんと見ていたのかな？　という不信感や、この人とこれ以上話してもなんの引き出しもなさそうだなという低評価か、い

ずれにせよ悪印象を抱かれることは間違いありません。
このような抽象的でなんとなくの言葉ではなく、ピンポイントで、**「何がどう良かったのかを伝える」**ことこそが感想です。これだけで、同じ〝良かった〟という結論でも、一気に相手の心を動かす秀逸な言葉に変わります。

僕はある著名な作家さんと懇意にさせて頂いています。その方からのご紹介で広がったご縁も多く、仕事につながっていったケースもあります。それだけで、「人脈が広くてうらやましいです」などと言われることもありますが、それは運やたまたまではありません。
たとえばこの作家さんとの出逢いは、ある会合で大勢の人が参加している集まりでした。この方にとって僕は、出逢ったときは**「その他大勢」**のうちの1人にすぎません。

他の人たち全員に、同じようにこの方と親しくなる機会は平等にありました。それでも、ほとんどの人は名刺交換だけして終わりでしたが、僕だけ、その先も人としての深いつながりを持てるようになったのです。そして、その理由を後日、ご本人が自ら教えて下さいました。それは次のような言葉だったのです。

「みんな私の本を『読みました。良かったです』と言ってくれる中で、早川社長は、**『あの本の37ページの3行目に書かれている○○という言葉が、とても印象的でした』**と具体的な感想を言ってくださって、細かく読んで頂いたことがわかりました。嬉しかったし、こちらが早川社長のファンになりましたよ」

このように、感想1つでその後の人間関係が大きく変わったのです。

また、このケースのように、相手の方に関しての情報をこちらが知り得る状況の場合は、事前に下調べをすることがとても大切です。

相手が作家さんであれば、お逢いする前に必ず著書を読み込んでいく。一般人の方でも、ブログやＹｏｕＴｕｂｅをやっていることがわかっていたら必ず目を通していく。商談する際には必ずその企業のホームページやＳＮＳで、事業内容や会社概要をしっかりと把握しておく。など、お名前や企業名で、ググったり、各ＳＮＳで検索をしてみましょう。これらの**事前の下調べがあるからこそ、心を動かすひと言をお伝えする**ことができます。

僕も、取引先の方とお逢いする際に、ＳＮＳでその方が出世したタイミングだという事や、誕生日が近いという事などをチェックしています。そしてサプライズでプレゼントを持参して親睦を深め取引も拡大していった事も何度もあります。

現代のＳＮＳ社会では、これから逢う人の情報を事前に下調べすることがとても簡単になりました。このほんのひと手間をかけられるかどうかでその時間の価値は大きく変わります。**人に逢うということは、その人の貴重なお時間を頂くことです。**その方にとっての、この時間の価値をどう高めるか。これこそが、「また逢いたい」と思って頂ける最大のポイントではないでしょうか。

それでも、人と逢う前にそこまで入念に下調べする時間が持てないという方や、調べたけれどそのことについて自分が話す自信がない、という方には、裏技を２つお伝えしておきます。

①情報を１つに絞る

その方に関するたくさんの情報を中途半端に見るよりも、１つに絞ってしっかりと吸収する。たとえばブログを書いている方であれば、多くの記事を中途半端に読んで抽象的な感想しか言えなくなるよりも、特に面白そうな1つの記事だけをしっかり読みこみ、その内容に関してだけはめちゃめちゃ詳しい人になったほうが良いです。

②感想が言えない場合は質問する

自分の専門外の領域の方などで、気の利いた感想などは伝えられないという場合は、逆に「僕はこの分野の素人なので、正直よくわかりませんでした」と明確にお伝えしましょう。その上で、素人の観点から、SNSで○○について書かれていましたが、あれはどういう意味なんでしょうか？　などと質問をすることで、興味をもっていることが伝わります。また、この際に失礼がないように、**「勉強不足で申し訳ありませんが」**などひと言を添えるようにしましょう。

Point

●「良かった」ではなく、「何がどう良かったか」を伝えることが感想
●どんな人と逢うときにも貴重なお時間を頂いていることを忘れずに、事前に下調べをして感想や質問や提案をまとめておく
●時間がなければ情報を絞って調べる。感想が難しい場合は質問をする

4.「率直にお伝えすると」
——言いづらい、でも言わなければいけないときは、このひと言

上司に進言しなければならない。部下にダメ出ししなければいけない。クライアントの要望をきっぱり断らなければいけない。株主に業績の悪化を報告しなければならない。

仕事上では、あらゆる場面で、**「言いづらいことを言わなければいけない」**状況に置かれます。こんな言いづらいことをどう伝えるかも、元々の性格の問題ではなく、コミュニケーションスキルの問題なので、伝え方次第だということを意識してみましょう。

「私は性格的に言えない」とか、「その場の空気に流されて伝えるべきことを伝えられなかった」ということで、問題が先送りになってしまったり、改善のタイミングが遅れてしまうことがいくらでもあります。

また、せっかく伝えたのに、言い方が遠回しになりすぎて真意が伝わらずに終わってしまったり、逆に直接的すぎて相手に必要以上のマイナス感情を与え、関係が悪化してしまったりする可能性もあります。

言いづらいことは、**適切なタイミングで適切な伝え方**をすることにより、状況が良化し、お互いのストレスが減り、より良い関係になることができます。

そこで、言うべきことをハッキリ伝えつつも、それを聞かされる側の心情に最大限寄り添うスキルが、**「ビジネス枕詞」**です。

ビジネス枕詞は、クッション言葉とも言われています。本題の前につければ、相手に与える印象を和らげることができます。このひと言を付け加えることで、相手の聞く準備と、自分の言う準備、どちらの心の準備にもなるので、言いやすく、聞きやすくなります。

活用例としては、

「非常に申し上げにくいのですが」

「大変申し訳ないのですが」
「恐縮ですが」
「お手数をおかけしますが」
「ご多忙の中、申し訳ありませんが」

などです。
これらの言葉をシーンによって適切に選び、これから伝えなければいけない「言いづらいこと」の前にひと言添えた上で、本題は主旨が伝わるようにハッキリとお伝えしましょう。あらゆる場面で活用しやすく、僕がオススメするのが、次のひと言です。

「率直にお伝えすると」

これをビジネス枕詞にします。このとき口調が淡々としすぎると事務的で冷たい印象になってしまうので、柔らかく感情を乗せて伝えましょう。必要であれば、この言葉の前にさらに、「すみません」などの枕詞を入れてもＯＫです。

いずれにせよ、こちらも個人的な感情として、言いたくて言っているのではない。本来は言いづらいし言いたくない。それでも、あなたのため、周囲のため、会社のために、伝えますね。というメッセージを、この枕詞の裏に最大限込めて伝えてみてください。

「率直にお伝えすると、私は反対です」
「すみません、率直にお伝えすると、現場からこのような意見が上がっています」
「すみません、率直にお伝えしますが、その方法だとうまくいかないと思います」
「ごめんね、率直に言うけど、このままだと案件任せられないよ」

このように多くのシーンでの活用が可能です。そしてもちろん、言いづらいことをただ伝えて終わりではなく、その先どうするかまで自分の意見を入れるよう意識しましょう。この伝え方によって、本来言いにくいことを言って相手の心象を悪くするどころか、むしろ更なる信頼関係の構築へつなげることができるのです。

Point

- 言いづらいことは適切なタイミングと伝え方で言う
- 「ビジネス枕詞」を添えることで、自分は言いやすく、相手は聞きやすくなる
- 「率直にお伝えすると」の前置きを、感情を込めて使うことが効果的

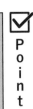

5. 「じゃあ、どうする?」
――思想と行動を創る言葉の習慣

意見を言う際に、とても重要なことがあります。

それは、**賛成意見なら具体案、否定的な意見なら代替案**をセットにすることです。これがないものは意見ではなく、ただの愚痴や感想です。なので、自分の意見は、**「じゃあ、どうする?」**がセットになっているかを常に問いかけながら考え、発言するようにしましょう。

たとえば、チームメンバーに意見を求めたときに、「うまくいかないと思います」「明日までには無理そうです」などと、代替案もなくただの否定や諦めの言葉しか出てこないようなチームでは何一つ魅力的な仕事を生み出せないでしょう。

その一方で、具体案もなく、「やりましょう」「いいと思います」「頑張ります」などの言葉しか飛び交わないチームからも大きなイノベーションが生まれることはありません。

賛成なら**「じゃあ、具体的にどうするか」**反対なら**「じゃあ、代わりにどうするか」**。ここまで含めた意見が議論されるようにする。これがチーム創りです。思想があるから言葉が出てくるのではありません。**言葉が思想と行動を創ります。**常に、「じゃあ、どうする？」というひと言を口癖のようにチームの文化にすることで、1人1人の思想と行動が変わってくるでしょう。

➤賛成案（例）

「とてもいいと思うので、さっそく、明日までに僕のほうで市場調査し、今週中に企画書に起こします。来週の会議で社長に提案してみましょう」

➤反対案（例）

「そのやり方だと難しいですが、こうすることでうまくいきます」

こんな言葉たちが、上司を動かし、部下の力を引き出し、自分自身を変え、結果を生み出していくのです。

僕が、コロナ禍で大きく売上や利益を伸ばし、新しい事業を次々と立ち上げることができたのも、運やたまたまではありません。深刻なダメージを受けた業界でしたが、「コロナで伸びる業界が羨ましい、うちの業界は最悪だ」「政治家は何をしているんだ」と愚痴をこぼすのではなく、**「じゃあ、どうする？」**を考え続けた結果だと思います。

そこで、「海外に行けなくなった今、国内で、都心と地方の架け橋になろう」と考え、沖縄で国内留学の学校を創り、「今こそ日本の地方を元気にしたい」と、地方移住のプロジェクトを立ち上げました。

並行して、オンラインでの事業が伸びるのは明白だったので、スクール運営も次々とオンライン上で学べる仕組みに変えていきました。

これらの事業が狙い通りにうまくいったのは、やはり最初の「じゃあ、どうする？」で考えられたことがすべてのキッカケだったと思います。

円安問題もそうです。一時期1ドル150円を超えるほどの円安となり、「うわー、このままでは日本はヤバイ！」という意見が飛び交う中、僕は「じゃあ、どうする？」とひとり呟き、すぐにハワイでアメリカ法人を設立してハワイ留学の事業を開始しました。待つことや願うことではなく、実際にドルでの売上を立てて、円安に対する不安を、**自分の思考と行動で自信へと変えたのです。**

常に僕は「コロナ」「円安」などの外的要因でビジネスが揺らぐことがない体制創りを心がけています。それは、思考停止を避け、代替案や具体案のある意見を武器にしてきたからだと思います。無理なことなどない。あるとしたらそれは「じゃあ、どうする？」が足りないだけです。言葉と行動で、現状を変えに行きましょう。

Point

●意見は、賛成なら具体案、反対なら代替案を必ずセットにする
●言葉が思想と行動を創る
●「じゃあ、どうする？」を文化にすればクリエイティブなチームは創られる

6.「現実的に」

――断りづらい、でも断りたいときは、このひと言

誘いを断りたい。でも、断るのは気まずいし今後の関係に響く可能性もある。こんなときは、誰のせいでもなく、現実のせいにしてしまいましょう。

人の満足度とは結果だけで決まるものではなく、プロセスが大きく影響します。そのため、誘った側も、「誘いに乗ってくれる」という結果が得られなかったとしても、「誘いに乗りたい気持ちがある」というプロセスが確認できるだけでも、一定の満足度が得られます。

飲み会に誘った人が参加しなかったとしても、「嫌だから来ないのか」それとも「行きたい気持ちはありつつも行けない理由があるのか」は、誘った側の精神的な充足度を左右するでしょう。

そのため、

「プラスな感情×マイナスな現実」を伝えることが、断るときの最強テンプレートです。

「すみません、行けません」では、感情的に行きたくないのか、何か用事があって行けないのか、が伝わらないので、断られた側はモヤモヤしてしまいます。

そこで、このように伝えてみましょう。

「すみません、とても行きたいのですが**（感情）**、**現実的に**、まだ仕事が当面終わらなさそうで参加するのは難しいです**（現実）**」

これが、プラスな感情とマイナスな現実を伝えて断るテクニックです。

もちろん、そもそも行きたくない！　という場合は嘘をつく必要はありません。行きたくもないのに行きたいと嘘をつくとその後も何度も誘われてしまいます。行きたくない場合は、前半の〝プラス感情〟を別の言葉に置き変えてみましょう。

「誘ってくれてとても嬉しいです。ありがとうございます！（感情）
ただ、僕はお酒もあまり飲めないし雰囲気もなじめないので、飲み会は毎回お断りしているんです。申し訳ありません。（現実）」

と、行きたいという感情ではなく、誘ってもらえて嬉しいという感情であれば嘘にもなりません。また、提案を入れることでそれ以上の望まない誘いを回避することも可能です。

先ほどの例で言うと、

「誘ってくれてとても嬉しいです。ありがとうございます！（感情）
ただ、僕はお酒もあまり飲めないし雰囲気もなじめないので、飲み会は毎回お断りしているんです。申し訳ありません。（現実）
よろしければ今度ぜひランチをご一緒させて頂けないでしょうか？（提案）」

このように返答すると、断られても悪い気はしないでしょう。

また、断るときは伝え方以上に、最も重要なことがあります。それは、**スピード**です。断りづらかったり、なるべく調整しようと思ったり、後で予定を確認しようと思ったり、様々な理由から断る行為をギリギリまで引き伸ばしてしまった経験はありませんか？　そして待たせたあげく最終的に断ることによって、断る側のストレスと断られる側のストレス、どちらも増大させてしまうケースもとても多いです。

悪気はなく、むしろなるべく行こうと調整を試みたり断り方に気を使った結果先方に〝**催促する手間**〟や〝**参加人数の調整**〟などの負荷をかけてしまうのはもったいないですよね。

誘う側は誘われる側が思っている以上に軽いノリで誘っていることがほとんどです。もしもいつかどこかのタイミングで断るのであれば、相手も軽いノリのうちに、こちらは変に重く受け止めずに、**スピード感と誠意をもってお断りしましょう。**それがお互いの今後のためです。

Point

- 断るときは、誰のせいでもなく現実のせいにする
- 「プラスな感情×マイナスな現実」が断るときのテンプレート
- 断るのであれば、伝え方以上に、スピードが重要。いつか断るならすぐに

7.「まだ30点の出来なのですが」
――結局、コミュニケーションは早さと細かさ

「今週中にこの資料をまとめておいて」「明日までに調べてリストアップして」など、締切りがある場合に、上司と部下の間でよく起こるディスコミュニケーションがあります。
それは、**期日ギリギリに100点のものを出そうとする部下と、その期日ギリギリにダメ出しをはじめる上司との闘い**です。これは会社内でよく起こるケースですが、こうなると大抵の場合、どちらも相手に対してストレスを感じます。

部下からすると「今から直せとかもう時間ないし無理でしょ。そんなことを言い出すなら、最初からもっと細かく指示を出してよ」というのが本音です。一方の上司は、「全然こちらの意図を汲み取れてないな。だったらもっと早く自分から細かく確認しに来てよ」とやはり不満を抱えています。

また、上司も毎回そこまで完璧にイメージが湧いて指示しているとは限りません。新しい試みであれば上司も頭の中で明確な絵が描けていなかったものが、部下の提出物を見ることで初めて具体案が湧き、「だったら、こうしたほうがもっといい」と次の指示が浮かんでくることもあります。

これらのすれ違いをなくすために、指示を出された側が常に心掛けるべきことは**「まだ30点の出来なのですが」**というひと言を伝えて期日よりだいぶ前に一度提出をすることです。

部下も上司も、時間が経ち、期日ギリギリになればなるほど、「こんなに時間をかけたのに」という思い入れや期待値が高まり、相手の反応が想定と違うときの怒りが増します。

ところが、まず自分の中でも30点程度の出来のものをあまり時間をかけずに作業した段階であれば、仮にダメ出しされても、それほど負の感情は湧きません。自分でも30点だと思っていたので軽く受け流せます。

その上で、途中経過を見ることで上司は具体的なイメージが湧き、より詳細な指示や方向修正案が浮かびます。自分1人で描いた100点のものは、相手にとって100点とは限りませんが、30点の段階で、これを100点にするにはどうするか一度認識を合わせることで、双方が一致したゴールを目指せるようになります。

また、早い段階で修正の方向が決まることで、まだ時間も充分にあり、高いクオリティで期日までに仕事を成し遂げることができるのです。

対顧客とのコミュニケーションも同様です。お客様から質問を頂いた場合、すぐに返答ができない内容であれば、まずは必ず一次返答をすることがとても重要です。丸1日返答をせずに1日後に完璧な答えを返すよりも、まずは10分以内に「**確認の上、明日中に返答しますので、少々お待ちください**」というひと言のほうが顧客満足度が高まります。コミュニケーションの基本は質よりもまず速さと細かさ。これを意識することで信頼関係を高めることができます。

Point

- 締め切りギリギリまで自分1人で頑張るのではなく細かく上司に確認する
- 30点の出来でいいので、期日を前倒しで提出する
- 一度見てもらうことで、双方が一致したゴールを目指せるようになる

8.「今日はセブの話をするために来ました」——空気は読むのではなく、創るもの

僕が立ち上げたセブ島のコールセンターでは、0円留学に来てくれていた生徒だけが働いていたのではありません。セブ島に移住して働きたい、でも現時点で英語力がないから英語を使った仕事には就けない。そんな日本人の正社員たちも多数雇用していました。

英語が話せないけれど海外に住みたいという日本人は、ハッキリ言って当時少しバカにされる風潮がありました。僕も起業前に、**「海外に住んで起業する」**と言うと、必ず「英語話せるの？」と聞かれ、「ひと言も話せない、でも行きたい」と返答すると「絶対やめなよ！　英語も話せないのに行ってどうするの？」と笑われることがほとんどでした。

でも、英語を話せない人は、海外に住んではダメなんでしょうか？　僕は、「英語が話せないけど、まず行ってみたい」そんな僕と同じような、ぶっ飛んだ人たちの受け皿になり

たいと思い、日本語のコールセンターをセブで運営していました。

まずはセブに来て、日本語で仕事をしてもらいながら英語を勉強していけばいい。そんな、**海外に飛び出すはじまりの場所になりたい。**そう思って運営をしていました。

でも、このセブ島で働く日本人社員の見られ方は、最初の頃とても厳しかったです。

コールセンターのクライアントと商談すると必ず言われることが、「**留学でセブに行っている若者が、まともに仕事できるの？**」でした。もちろん、僕は留学生でも確かな成果を出せることを根拠とともに説明します。そして、日本人正社員も多数いる旨を伝えても、「**セブ島に移住している日本人なんて、どうせ日本でまともに働けなかった人でしょう？**」と嘲笑されたことも何度もありました。

これらの言葉が僕らを強くしてくれたのかもしれません。自分たちがここで結果を出さなければ、やっぱり海外に住んでいる日本人はダメなんだと思われてしまう。そうではないことを僕らが証明して、**「海外に住んで働く」**を日本人にとって、もっと身近な選択肢にしたい。

そんな想いを胸に努力を重ねた結果、コールセンターは順調に拡大。クライアントも厚生労働省や経済産業省、大手上場企業や自治体など、最初の頃には考えられなかった取引先との契約も次々と決まりました。

そんな頃です。

当時の最大手クライアントの1社から、日本での会食にご招待頂きました。うちとの取引でかなり実績が上がっていた時期で、「役員陣がぜひ早川社長と会食したいと言っています」と担当の方よりお誘い頂きました。僕はとても嬉しかったです。遂に、これだけの大手企業の幹部層までもが僕らのセブ島での運営を評価してくれている。**今までの苦労が報われ、僕たちの信念が認められた気持ちになりました。**

そして僕は意気揚々と帰国。

当日、会食場所の最寄りの駅まで担当の方が車で迎えに来てくれました。

ところが、その会場に向かう車の中で、僕は信じられない言葉を耳にするのです。

「早川社長、今日はうちの役員陣との会食なので、**セブ島の話はあまりしないでください**」

耳を疑った僕は、「なぜですか？」と聞き返しました。すると、「うちの経営層は、今でもセブ島の会社なんて大丈夫なの？　と心配しています。なので、早川社長の会社は東京にもオフィスがあって、これから日本の拠点も拡大予定とのことなので、今後は日本で頑張ります！　と話してください」

そして会場に着き、先方の幹部陣が僕を出迎えてくれました。冒頭の挨拶で、僕は言いました。**「こんばんは！　今日はセブ島の話をしに来ました！」**

えーっ！！！
という担当者の心の声がここまで漏れ伝わって来ました。
もちろん幹部の方も困惑しています。

そんな中、僕は一切空気を読まずに、僕のセブ島に賭ける想い、スタッフたちの想い、成果の上がる根拠、運営体制、セキュリティ、今後の展望について語り続けました。

すると、先方の方が、こんな言葉を返してくれました。「私は、正直、セブ島のコールセンターへの委託に反対でした。海外拠点なんて大丈夫なのかって。でもね、早川社長。**今日私はあなたの話を聞いて、考えが変わりましたよ。**それほど本気で熱量高く運営してくれているのなら、安心だ。私たちも応援するので、ぜひセブ島拠点で今後もやってください」

そう言って、僕の手を力強く握ってくださいました。

その瞬間に、その場の空気が一気に変わったことは言うまでもありません。

「セブ島の話をするな」と言われて僕もまったく怯まなかったと言えば嘘になります。それでも、確信がありました。本当に僕らのセブ拠点のことをすべてわかった上で、セブへの委託を反対されているのではない。なんとなくのイメージで言われているだけだと。その、**「なんとなく」**に僕らの想いが負けるわけがないと。

それでも、もちろん変な空気になることは間違いない。だからこそ、僕は自分が空気を読んでしまう前に、第1声で**「セブの話をしに来ました」**というひと言を選び、ここで自分自身にスイッチを押したのです。リスクのあるひと言ですが、結果として大成功となりました。

空気は読むのではなく、自らのひと言で創りだすもの。そして本気で熱量の高い言葉こそが、人を動かすのです。

Point

●なんとなくの意見よりも、自分たちの想いを信じる
●空気に飲まれる前に、第1声で言ってしまう
●空気は読むものではなくて、創るもの

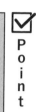

Chapter Ⅳ：

『セールス』売れるひと言

1.「AのあなたがBになれます」――売る商品はいつだってお客様の未来

商品を売るとき、セールス担当者は「この商品がいかに良いのか」をたくさん語りたくなります。それも大事ではありますが、もっと大切で伝えるべきことがあります。それは、その商品によって**「お客様の未来が変わる」**ということです。

人は、その会社の商品が良いかどうかではなく、その商品を購入することによって「自分にどんな変化が訪れるのか」に関心があります。どんなにスペックの高い最新の商品だとしても、それが自分を自分の理想へと近づけてくれるものでなければ興味は湧かないでしょう。

なので、セールストークでもＬＰやチラシの文言でも、**「この商品によって、どう変われるか」**を伝えることが一番大切なのです。

たとえばダイエットや美容商品なら、成分や品質を長々と伝えるよりも、「Before→After」で体形や肌質などの変化を見せて、いかに綺麗な自分に変われるのかを印象づけるほうが、ずっと効果的ですよね。

つまり、シンプルにセールスとは、**「AのあなたがBになれる」**ということを伝えるべきなのです。

Aとは、その方の現在。今抱えている悩みや課題です。

Bとは、その方の未来。今後の理想です。

重要なのは、Bだけではダメだということです。お客様に今自分はAなのだ、ということを認識して頂くこともとても大事です。今自分がAであるという悩みは、顕在化している場合もあれば、まだ潜在的な悩みである可能性もあり、ただBだけ提示されても、自分には関係ない話だと思われてしまいます。

たとえば、「お客様が今まで毎月支払っている金額を、弊社の商品に切り替えて頂けたら安くできますよ」という営業をしたい場合。

この際に、ただお客様に「うちの商品は安いんです」とBだけを提示したところで、お客様は今現在の支払いが高いというAを認識していなければ、まったく刺さりません。「いや、別に今も料金それくらい払ってるんじゃないかな？　あんまり変わらないと思うから別にわざわざ切り替えなくてもいいかな」と思われて話は終わってしまいます。

そのため、まず現状の料金をヒアリングした上で、「今、お客様がお支払いされている料金は毎月○○円なので、相場と比較しても、正直、結構高いです。これが弊社の商品だと××円なので、切り替えて頂くことで月△△円、年間で言うと◎◎円ほど、出費を抑えられるようになります」とお伝えして、今現在、**料金が高く（Aである）その料金が安くなる（Bになれる）**ことを認識して頂けるようにわかりやすくお伝えする。

すべての〝セールス〟の基本はこれです。

なので、セールスで実績を上げたかったら、まずは自分たちの商品が、目の前のお客様にどんなAとBを提示できるのか。これを考えて伝えることがとても重要になります。

試しに、僕が手がけてきた「海外留学事業」で考えてみましょう。

留学の魅力をお客様に伝えるとしたら、シンプルに言うと、「英語を話せない（A）あなたが、英語が話せるようになる（B）」などのＢｅｆｏｒｅ↓Ａｆｔｅｒが提示できますが、これだけだとだいぶ範囲が広く刺さりにくい。そこで深堀りすると、たとえば

「ＴＯＥＩＣ４００点代（Ａ）のあなたが、ＴＯＥＩＣ６００点代（Ｂ）になれる」などと具体性をもたせると、よりイメージが湧きます。

また、同じ留学であっても、お客様のニーズによって、何がＡになりＢになるかは人それぞれです。ＴＯＥＩＣにはまったく興味がない方にＴＯＥＩＣの話をしても関心を惹きつけることはできません。他にも色々なバリエーションを提案できるので、常日頃からこのようなＡとＢを考え、お客様に提案していきましょう。

「洋画を字幕なしで観たい（Ａ）あなたが、字幕なしで聞き取れる（Ｂ）ようになる」

「発音が悪く英語が相手に伝わらない（Ａ）あなたが、聞き返されずに伝わる（Ｂ）ようになる」

「人見知りで友人の少ない（A）あなたが、外国人の友達をつくる（B）ことができる」

など、いつでもお客様に説得力をもってお伝えできるように日頃から言語化する、書き出してみる、チーム内でディスカッションするなどしておきましょう。

あなたの会社の商品は、どんなAの人が、どんなBになれますか？

Point

- セールスで売るものはいつだってお客様の未来
- 人が興味を持つのは、自分がどう変われるかということ
- 「AのあなたがBになれる」を具体的にどうひと言で伝えられるかが大切

2.「3名様限定です」

――売り込まなくても、仕組みが勝手に売ってくれる

ガツガツ売り込んだり、お客様に購入を迫るような営業をしたくない。

そんな方にお勧めなのが、**「限定トーク」**です。営業する人が売り込まなくても、限定であることをお伝えするだけで、自然とお客様の購買意欲と即決率は上がります。担当者の営業スキルに依存せず、誰でも使えるトークと仕組みで売るために、この限定トークをうまく活用するといいですね。

たとえばアパレルショップで、洋服を買うか迷っているお客様に対して、「買ってください！　今すぐ決めてください！」と迫るのは誰だって嫌ですし結果にも結びつかないでしょう。でも、そんなときに、こんなひと言をお伝えしてみるといかがでしょうか。

「こちらのワンピースの在庫は、都内で当店だけしかありません。さらに、当店でも最後の1着なんですよ」

これだと、自分が何かを迫っているわけではなく、事実をお伝えするだけなので、売り込みが苦手！　という方でも、気軽に伝えられますよね。そして、押しつけセールストークをしたわけではないですが、このひと言だけで売れる可能性が一気に高まります。

この限定トークは様々なシーンで使えます。
まずは**限定商品。**「新春限定」「バレンタイン限定」「クリスマス限定」など、シーズンに合わせた限定キャンペーンは企画しやすく伝えやすいです。
「1周年記念」「新店オープン記念」のような**アニバーサリー限定**もできます。それから「今だけ値下げ」という**限定価格**や、「今なら○○が付いてくる！」という**おまけ戦略**も。期間だけではなく、「先着3名様に限り」のような**早い者勝ちキャンペーン**も可能ですし、ご当地グッズに代表されるように、地域やエリアの限定という見せ方も効果的です。

つまり、大切なのは仕組みづくり。言葉で売るのではなく、仕組みで売る！　魅力的な仕組みであれば、自然と選ばれるようになります。

マーケティング用語では**「スノッブ効果」**というものがあります。これは1950年にアメリカの経済学者ハーヴェイ・ライベンシュタインによって提唱されたもので、人は限定性があるものや希少性の高いものに、価値を見出すという心理から、「限定」と謳われるとつい購入したくなってしまう効果です。何かしらの要素を限定することで、購買意欲を高めることができます。

Point

- 迷っている方の背中を押すには「限定トーク」が効果的
- 「限定」のバリエーションは無数にあるので、常に何かしらの限定を提供する
- 大切なのは人が売り込むのではなく、自然と即決率が上がる仕組みづくり

3.「たとえば、購入頂くとするじゃないですか？」――頭の中で絵が描ければ、人は買う

売れる人というのは、たまたまその商品だから売れるわけではなくて、大体の場合、なんの商品でも売れます。それは、やはり〝**お客様の未来**〟がイメージできるひと言を伝えられるからです。

では、具体的に、どのようなひと言を伝えれば良いでしょうか？

それには、このひと言です。

「たとえば、今回購入して頂くとするじゃないですか？」

この言葉で、いやいや購入しないよ！　といきなり断られる可能性はかなり低いです。こちらはただ、たとえ話をしているだけなのですから。まずこの言葉を投げかけて、購入した後の自分を想像する余白をお客様の頭の中につくってあげてください。その上で、商品

の特徴や性能ではなく、その商品を使うことによって訪れるお客様のメリットや変化をお伝えします。

今のお客様の悩みがどう解決されるのか。
今より何がどう良くなるのか。

これをお伝えしましょう。

また、この **「たとえ話」** はお客様から検討したいと言われたときの切り返しでも自然に使えます。検討するよ、と言われて、いやもう少し話を聞いてください！　と露骨に食い下がると当然お客様はいい気がしません。しつこい印象を与えずにもう一押ししたいときにもこのたとえ話が活躍します。たとえば薄型のノートパソコンを買ってほしいという場合であれば、

「うーん、一旦、検討します。」

「ありがとうございます。ちなみに、**たとえば今回ご購入頂くとするじゃないですか？** そうすると今までお持ちのノートパソコンよりも重さも約1kg軽くなるので、持ち運びの負担もだいぶ減るんですよ」

このように、まだ伝えきれていなかったメリットを切り口に自然ともう一度アプローチができます。

「たとえば」という言葉以外にも、

「もし」「仮に」「仮定の話ですが」

などのひと言を添えてから、相手にオファーしたい内容を伝えてみることで、現時点でお客様がどの程度、購入意思がありそうか反応を見ることもできます。つまり、**テストクロージング**としても使うことができるのです。

このテクニックは、日常的なコミュニケーションでも幅広く転用できます。

たとえば旦那さんに海外旅行をおねだりするときも、いきなり「海外旅行に連れてって！」だと断られる可能性が高いですが、まずは、「ねえ、今年の夏、**もし**海外旅行に行くとしたら……」と何気ない会話からたとえ話をしてみると、その後の流れも、反応に合わせて変えていくことができます。

このように、様々なＹＥＳ取りの場面で使えるテクニックです。

ぜひ活用してみてください。

Point

- まずは未来の自分をイメージして頂くことが大事
- イメージして頂くために、たとえ話を使う
- たとえ話は、お客様の現在の温度感を確かめるテストクロージングにもなる

4.「なぜなら」「しかも」「つまり」「代わりに」

――〝結論から話す〟では足りない。その先のひと言が運命を分ける

結論から話すと良い。昔からよくそう言われます。もちろん、その通りだと思います。ただ、結論から話せばそれだけで良いかというと、重要なのは、**結論の後にどんなひと言を伝えられるか**です。というのも、結論を伝える**だけ**で終わってしまう非常にもったいない伝え方のケースも多いからです。

そこで、対人コミュニケーションの基本はすべて、この流れを意識しましょう。

「結論＋補足のひと言」

人は、その結論に至った根拠、理由、プロセスなどを知りたいのです。これを伝えずにただ結論だけを言われると、「なんで?」「どういうこと?」「どういう意味?」と疑問が湧

いてきて、次の質問をしたくなります。お互いストレスなく受け答えするためにも、結論を伝えた後は、**「なぜなら」「しかも」「つまり」「代わりに」**などの補足ワードを頭の中で思い返して、続きの言葉を伝えることで、その後の無駄なやりとりが発生しないようにしましょう。

たとえば、お客様から料金について質問をされたとします。

「この商品はいくらですか？」
「はい、こちらの商品は19800円です」

これが、**補足のひと言**のない、結論だけのダメな例です。これでは高いのか安いのかわかりません。料金について質問をされるお客様はただ数字が知りたいのではありません。**自分にとっておトクかどうかが知りたいのです。**

もちろん結論は19800円で何も変わりませんが、その結論の後に、補足ワードを頭に思い浮かべて、話を続けましょう。もちろん、文脈や流れが合っていれば、実際に補足ワードを口にしてもOKですが、いちいち口にすると硬い印象になってしまうので、基本的には頭の中で呟けば大丈夫です。

では、実際に料金についての質問に対して「なぜなら」「つまり」「しかも」を実際に使って返答してみましょう。

「この商品はいくらですか?」

▼なぜならトーク

「はい、こちらの商品は19800円です。

(なぜなら)通常29800円なのですが、新春キャンペーンで1万円割引していて、とてもお得になっているんですね!」

▼つまりトーク

「はい、こちらの商品は19800円です。

(つまり)先ほど検討されていた商品より割高ですが、機能性が上がるので使い勝手が良くなります！」

∀しかもトーク

「はい、こちらの商品は19800円です。
（しかも）今ならポイントが2倍貯まります」

このような形で、補足のひと言を入れて、その次につながる言葉を入れることで、お客様が一瞬頭の中によぎる〝次の質問〟に事前に答えられるので、双方のストレスや無駄なやりとりが減り、コミュニケーションが円滑になります。

この**「結論＋補足のひと言」**も使いこなすと、対お客様へのセールス場面以外にも転用できます。たとえば職場で上司から、明らかに無理な期限で仕事を振られたとします。こんなとき、多くの人は「はい！　やります」と無理に引き受けるか、「申し訳ありません、できません」と勇気を出して断るかの2択で考えてしまいがちですが、これはどちらもコミュニケーションの観点から考えると間違いです。

無理に引き受け続けると、どんどんハードルばかりが上がりストレスを溜め込むことになり、無下に断ると、上司からの心象や評価が下がる可能性が高いからです。

では、このような場面を、どう乗り越えるか。そうです。補足ワードで自分のストレスや負担を軽減し、上司との良好な関係を維持することができます。

ここでは、「代わりに」を使ってみましょう。

「このレポート、今日中に出しておいて！」

「申し訳ありません、別件の対応で終日埋まっており、今日中は難しそうです。（代わりに）明日であれば時間が取れるので明日の午前中までの対応でもよろしいでしょうか？」

結論から話すのはあたりまえ。その上で、結論の後に、どんな補足のひと言を入れられるかが、コミュニケーションの鍵を握るということをぜひ覚えておいてください。

Point

●結論から話すことが大切だが、結論だけで終わっては意味がない
●結論の後に補足のひと言を入れることで、相手の頭の中の疑問を解決する
●補足のひと言もバリュエーションがあるので、その場に合わせて使いこなす

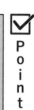

5. 「みなさん喜んで頂いています」
――最高の安心感を与える即効性の言葉

「皆が選んでいる」

これは顧客の安心感と購買意欲を大きく上げる要素です。そのため、この商品が既に多くの方に購入頂いていて、皆さんに喜んで頂いているという実績をお伝えしていくことはとても大切です。

知人がたこ焼き屋さんを経営しているのですが、屋台でたこ焼きを売る一番の秘訣は、わざと少しゆっくり焼いて行列をつくることだと言っていました。**並んでいる＝皆に選ばれているということが最大の宣伝になるので、**お客様をお待たせしすぎない範囲で、ほどよい行列ができるペースで供給するそうです。

たこ焼きに限らず、売れているものは、「売れている」ということを理由にどんどん売れていきます。そのため、**「累計○万本売れています」「観客動員数○万人」「品切れ続出」「満足度98％」**などのコピーでアプローチすることも、成果につながりやすいです。こういう心理は**同調行動**といって、日本人に限らず世界中の国の人にあてはまる行動です。

行動心理学では、「あるものを多数の人が選択している現象が、その選択肢を選ぶ人をさらに増大させる」という**バンドワゴン効果**が知られています。

これは、セールスだけでなく、選挙でも有名な人や事前調査で有利だといわれる人に多くの人が投票しやすいことや、恋愛でも多くの人は全然モテない人よりもモテる人を好きになりやすいことでも、その効果が見られるそうです。

Point

- 皆がやっているという安心感は、世界共通で刺さる
- 過去の実績を効果的にセールスやマーケティングに取り入れるのが有効
- バンドワゴン効果として、人気があるものが更に売れる事が証明されている

6.「2つに分けておもちしましょうか?」
——常にプラスアルファのひと言を考える

沖縄には僕の行きつけのお店がいくつかあります。とりわけその中の1つに僕が頻繁に足を運ぶようになった理由は料理の美味しさだけではありませんでした。サービスに〝**プラスアルファのひと言**〟があり、気配りが素晴らしいと実感する経験があったからです。

あるとき、妻と2人でお店に行った際に、最初にオーダーした料理が出揃った後で、もう一品だけ食べたいという話になり、シェアすることを前提に2人で一品追加注文をしました。オーダーを受けた店員さんは、「ご注文ありがとうございます」という言葉の後に、こんなプラスアルファのひと言を添えてくれたのです。

「**よろしければ、2つに分けておもちしましょうか?**」

特に僕たちのほうからシェアしたいと伝えたわけではありませんでした。それなのに、シェアすることを察して1人前を2つに分けてもってきて下さったのです。

確かに、2人で来ていて一品だけ追加注文したので、想像力を働かせれば、シェアすることを推測できます。でも、顧客から何も言われていない状態で店員さんが自ら考え提案して下さるような接客には、意外と出合えません。飲食店は料理以上に、こういった、ちょっとした**プラスアルファのひと言**にファンがつくのだということに気づかされました。

また、旅行先のホテルの接客でも同じような感銘を受けたことがありました。ホテルに向かう途中で、事前確認したいことがあり電話したときのことです。こちらの質問に対して丁寧な受け答えをして頂いた後に、こんな言葉が続きました。

「ご案内は以上でございます。ところで、本日は車でお越しになるご予定でしょうか？」

「いえ、電車でうかがいます」

「ありがとうございます。それでは、よろしければ最寄り駅からの道順も簡単にご案内させて頂きましょうか？」

このホテルの担当の方も、ただ聞かれたことに答えて終わるのではなく、こちらから聞いていないことなのに、この先困りそうなことを事前に察知してプラスアルファのご案内をして頂きました。普段からこのような対応を心がけていないと、なかなかできないサービスです。

いい接客やいい対応の秘訣は、このようなプラスアルファのひと言が言えるかどうか。「ありがとうございます」だけでなく、**その後に何を言えるかを常に考えることで、お客様に大きな満足を提供できるのです。**そして、それが結局はリピートや紹介という形で売上にもつながります。

また、この「プラスアルファのひと言」は、商品説明でも使えます。売れている飲食店のメニューなどはとても参考になるものが多いですが、たとえばファミリーレストランのサイゼリヤでは、**ただの「ドリア」ではなく「ミラノ風ドリア」**と、「ミラノ風」というプラスアルファのひと言をつけるだけで爆発的なヒット商品を生み出しています。もしあのメニューの名前がただの「ドリア」だったら、おそらくあそこまで看板商品にはなっていないでしょう。

このように、プラスアルファのたったひと言で、商品の価値自体も大きく変えることができるのです。

Point

- 「ありがとうございます」で終わらず、プラスアルファのひと言を考える
- お客様に役立つことや、お困りごとを察して、もうひと言伝える習慣をつける
- プラスアルファのひと言は顧客満足度の向上、そして売上にもつながる

7. 「デメリットは特にないですよね?」——やる理由があるよりも、〝やらない理由がない〟が強い

行動経済学で、**プロスペクト理論**というものがあります。プロスペクト理論では、損失回避性、つまり人は損失を避けようとする傾向が強いと考えられています。簡単に言うと、人は「得をしたい!」よりも「損したくない!」という心理のほうが強く働きやすいんですね。

そのため、セールストークでメリットばかりを強調することは、そこまで大きな効果を得にくいです。人には大きなメリットを得たい! という欲求がそもそも少ないので、刺さりません。

それどころか、メリットを聞けば聞くほど、「**実は裏があるんじゃないか……**」「**メリットが大きい分デメリットがあるんじゃないか……**」という思考回路に陥りやすいのです。こう考えはじめると人は検討したくなります。

そして、検討をすると、やらないほうがいい理由や買わないほうがいい理由が何かしら出てくるので、結果として**「今回はやめておこう」**という結論になりやすいです。

ではどうすればいいのでしょうか？

買ってもらうことによる、メリットの大きさ以上にデメリットの無さをお伝えして、今回の決断が損ではないことと、その根拠を理解して頂きましょう。なので、お客様に即決して頂きたければ、メリットばかりを言うよりもこのひと言です。

「デメリットは特にないですよね？」

この言葉の伝え方は、軽いノリで言うことがとても大事です。意思決定の際に、重い決断を迫られていると感じたら損をするかもしれないという**損失回避性**が高まってしまいます。

そのため、「メリットがあるからぜひ決断してください！」ではなくて、「あくまでデメリットは別にないのでやったほうがいいと思いますよ〜」という軽い温度感でお伝えすることで、まあやってみてもいいかなと気持ち良くお申込み頂けます。このような伝える際のノリとテンションも重要です。

また、お客様や商品によって、**申し込まないことによるデメリット**がもしあれば、それが一番刺さるポイントとなるので、購入することのデメリットの無さとセットで、むしろ**購入しないことで想定されるデメリット**もお伝えしましょう。

Point

- **プロスペクト理論では、人には損失回避性があるという研究結果が出ている**
- **メリットが大きいよりも、デメリットがないことで人は安心して即決できる**
- **重い決断を迫るような伝え方にならないように気をつける**

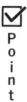

8.「・・・」——沈黙こそが相手の意思決定をつくる

セールスで一番気をつけたいのは、**しゃべりすぎて失敗すること。**これは意外と多い失敗例です。特に慣れないうちは、必要以上に沈黙を恐れ、不安のあまり話し続けてしまうケースがよくあります。

その結果、お客様が自ら考え意思決定して下さる機会を奪ったり、余計なことを言ってしまって自らチャンスをつぶしたりする可能性があります。

基本的に、人は根本「**自分で決めたい**」生き物です。いかに気持ち良くお客様に決めて頂くか、がセールススタッフの仕事です。そのためにも沈黙の時間が必要な場面も多いです。伝えるべきことを伝えたら、勇気をもってお客様のその後の出方や反応を黙って待ちましょう。

ちなみに、あくまで傾向ですが男女で言うと、特に男性のほうが、自分で決めたいという欲求が強い傾向があります。女性の場合、日常生活の中でも相手に決めてほしいという気持ちが湧いたり、「この人がそう言うなら」という理由で決めることも傾向的にありますが、男性は特に「**この人に決めさせられる**のはイヤだ。あくまで決めるのは自分」と感じる傾向が強いそうです。

脳科学的にもマルチタスクをこなせる女性に対してシングルタスク、つまり1つ1つこなしていきたい男性は、考えごとをしているときに横で色々話しかけられること自体がストレスに感じる方も多いです。せっかく決めようとしたところに口出しをされたくないのです。

また、法人取引での交渉時などは「**先にこちら側の持ちカードを見せたほうが負け**」となる場合も多いです。金額交渉の際に、お互いが押し黙ったりすると、その沈黙に気まずさを感じて、ついついこちらが不利な条件を自ら提示してしまう失敗例がその典型です。

たとえば商談の際に、こちらは「１００万円で買ってほしい」という**理想のカード**と、

「80万円までなら値下げしてもいい」という**落としどころカード**を心にもって臨んだ場合、「100万円でお願いします」と伝えた後は、とにかく黙って先方の反応を伺いましょう。

ここで先方が、「100万円ですかあ……それはちょっとなあ」とネガティブな反応を見せて黙った場合に、やりがちな失敗が、まだ何も言われていないのにこちらから「もし難しそうでしたら80万円くらいまでであればお値下げできるのですが……」と言ってしまうことです。

空気的にこういうことを言いたくなっても、言葉を飲み込み一呼吸置いて沈黙することで、**「わかりました。100万円でいきましょう」**という答えを先方から引き出せたり、または、「100万円は厳しいので、90万円だといかがでしょうか？」という先方の隠しカードを切らせることができます。この場合は、こちらの80万円の落としどころカードは見せずに済むわけです。これだけで10万円の売上が変わることは実際によくあります。

沈黙を恐れずに黙って待っていれば、それは**「あなたが決めてくださいね」**という意思表示になります。

たくさんしゃべらなくてもセールスに必要な情報がきちんと伝わったなら、「じゃあ、買います」「やってみたいです」と自分の意思で口を開いてくれるもの。そして自分で口にしたら、その決定について不満や後悔はなかなか生まれません。納得してお金を払ってくださいます。

Point

- 必要な情報を伝え、先方が考えている時間帯は、余計なことはしゃべらない
- 沈黙や気まずさを感じても、まずは先方の次の言葉を待つ
- 相手に口を開いてもらうことで「自分で決めた」という意識をもってもらう

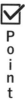

9.「ちなみに」――トークは構成が最も重要

セールスをする上で重要なのは**話の構成**です。一方的にこちらの話ばかりが続くと、お客様は他のことを考えはじめてしまったり、集中力が途切れてしまい、結果としてモチベーションが下がってしまいます。一度その状態になってしまうと、そこから購入やお申し込みに至る可能性はほぼゼロです。そのため、長々と一方的に話さず、お客様から言葉を発して頂く時間も設けて、テンポよく**会話のキャッチボール**を行うことがとても重要になってきます。

どのようなセールスの場面かにもよりますが、冒頭ではまず自己紹介や会社紹介、その後に提案の主旨や商品説明に入ることが多いと思います。ここまでである程度、こちらから一方的に話す時間が続くので、これ以上続くと、この時点で聞いている側は飽きてしまいます。そのため、この主旨説明の後に、質問を入れてみましょう。**「質問」**のタイミングと言い回しこそが、キャッチボールの最大の鍵です。

①会社紹介（自己紹介）→②主旨説明→③質問

という構成が冒頭では大切です。そして質問を一度挟んでから、その後の詳細説明にまた進んでいく。このような構成が望ましいです。では、どのように、自然に、さりげなく質問するか？

「何点かお伺いしてもよろしいでしょうか？」などと堅苦しく聞くのではなく、あくまで会話の流れから自然に質問を振りたいですね。そこで活躍するのが、このひと言。

「ちなみに」です。

「ちなみに……ですか？」と、適度に質問を織り交ぜて会話を進めます。この際の具体的な質問内容ですが、オープンクエスチョンではなく、クローズドクエスチョンにしましょう。

➤オープンクエスチョン

↓回答を限定しない質問。選択肢がなく、自由に答えられる内容。

➤クローズドクエスチョン

↓回答を限定する質問。「はい」「いいえ」のどちらかで答えたり、AかBかの選択を迫る内容。

オープンクエスチョンは、回答する側が自由に答えられる内容なので、より深く詳細な答えを引き出せる可能性が高いですが、そもそも回答しにくいというデメリットもあり、まだ打ち解けていない状態で質問をしても、お客様も答えに窮してしまいがちです。ですのでYESかNOで気軽に回答しやすいクローズドクエスチョンのほうが良いです。

「ちなみに、御社では既にこのようなサービスは導入されていますか？」

「ちなみに、今課題に感じているのは新規採用の不足か、離職率の増加か、どちらでしょうか？」

などの質問であれば、お客様が答えられないということはないので、話が確実にその先に進みます。また、さらに深堀りしたい場合、クローズドクエスチョンの後にオープンクエスチョンを入れるとスムーズです。

「ちなみに、御社では既にこのようなサービスは導入されていますか？」**（クローズド）**
「ああ、2年くらい前からA社の○○サービスは使ってますけど」
「2年前に、どのような課題を感じて導入されたんでしょうか？」**（オープン）**

このような流れで会話を進めていきましょう。
また、この**「質問」**を潤滑油として話を進めていくことは、対面での会話に限らず、メールやチャットでお問合せを頂いた場合にも有効です。

たとえば、自社のホームページの問い合わせフォームからこのような連絡が来た場合。

「こんにちは。ホームページを見まして、こちらのサービスが気になっていますが、分割でのお支払いはできますか？」

「お問い合わせありがとうございます。はい、分割払いもできますので、ぜひよろしくお願いします。」

このような返答ですと、お客様の質問に答えてはいますが、お客様から次の返信を頂けずに、会話がここで終わってしまう可能性が高いです。そこで、こちらの返答を「**質問**」で終えてみましょう。

「お問合せありがとうございます。はい、分割払いもできますのでご安心ください。ちなみに、お支払い回数は3回、6回、12回とお選び頂けますが、現時点では**何回払いがご希望でしょうか？**」

このように最後が「？」で終わると、お客様がその後さらに返答するというアクションを促しやすくなります。お客さまから再びご連絡を頂いたり、その後成約できるかどうかは、やりとりの終わりを回答だけで終わらせるのか、それとも質問を入れてみるのかで大きく変わってくるのです。

Point

- トークは構成が大事。一方的に話しすぎず、適度に質問を入れる
- 早い段階での質問は「ちなみに」からのクローズドクエスチョンが有効
- メールやチャット対応も、こちらからの連絡の文末は「?」にする

10. 「絶対にやったほうがいいと思いますよ」
——強い言葉と丁寧な口調のハーモニー

僕が20代前半ではじめて営業を経験した頃は、正直まったく売れませんでした。それでもそんな僕が、**使う言葉を変えただけで、売れるようになったのです。**

僕は押し売りみたいなことはしたくないし、ガツガツ営業をしたくない。そう思っていたので、当時の上司からも、もっとクロージングしろ！　とよく怒られていました。

そんな僕が、ある日、明らかに当時の商品にピッタリなお客様とたまたまお話しすることができました。それまで、自分はお客様に必要のないサービスを無理やり売ろうとしているのではないか……という引け目すら感じていた僕でも、**「あっ、この方はこのサービスがピッタリだ！」**とすぐに思いました。しかし、お客様は「うーん、またゆっくり検討しようかなあ」とその場で即決する素振りがありませんでした。

それまでの僕だったら、「そうですよねー。では、ゆっくり検討してくださいね」と、いい人ぶって終わらせてしまうか、上司から怒られないために「よろしくお願いします！」と無理矢理クロージングしてお客様の気を悪くするか、どちらかの結果になっていたと思います。

ただ、このときは次のような言葉が自然と出てきました。

「僕、普段、全然ムリにお勧めしないんですが、お客様の場合だと、絶対にお申込みされたほうがいいと個人的に思いますが、どうしますか？」

この言葉を受けて、お客様は、「**そうだね、あなたもそう言ってくれるんだし申し込むよ！　本当は結構申し込もうかなって心の中では思ってたんだよね**」と、即決してくださったのです。

このとき、僕は3つのことを思いました。

①使う言葉を少し変えるだけで、結果は変わる
②セールスの一番の敵は、こちらの〝思い込み〟
③人間の心理とは複雑で、相手の表面上の言葉だけでは深層心理はわからない

細かく見ていきましょう。

①使う言葉を少し変えるだけで、結果は変わる

「よろしくお願いします」か「それでは検討してください」しか言えなかった僕が、「どうしますか?」というひと言にクロージングワードを変えただけで、売れてしまったのです。

ただ、もちろんこれも、突然「どうしますか?」と言っても結果にはつながりません。その前に、お客様のメリットや、こちらの想いをしっかり伝えて、理解、共感して頂いた上での**「どうしますか?」のひと言**。

結果としてこれが、ただの押し売りではなく、お客様ご自身で決めて頂く言葉となったので、売り込みが大嫌いな僕でも、この言葉なら使えるな、と確信しました。

③セールスの一番の敵は、こちらの〝思い込み〟

「こんなことを言ったらダメなんじゃないか」「このお客様は申し込まなさそうだな」などのバイアスが自分自身のブレーキとなってしまう。このような悪い思い込みがセールスの一番の敵です。**「絶対に申し込んだほうがいいと僕は個人的に思います」**という言葉は押し売りではなく、あくまで僕個人の感想なので、言えました。

このように言い方を少し変えるだけで、自分にもお客様にもストレスなくクロージングができたのです。それまで「絶対にやったほうがいい」などの強い言葉は、言ってはいけないものだと思っていましたが、前後の内容や使い方次第なのだということに気づきました。ただし、このように少し強い言葉を使うときほど、「丁寧に、優しく」お伝えすることが大事です。

④人間の心理とは複雑で、相手の表面上の言葉だけでは深層心理はわからない

「検討」というお客様の表面的な言葉ですぐにこちらの対応を決めないこと。このときから、僕の中のバイアスが外れて、クロージングとは押し売りではなくお客様の背中を押してあげることなんだと思えるようになりました。実際に、迷っていた方に一押しすること

で、「**あのとき迷ってたけど、申し込んで良かったです。背中を押してくれてありがとうございます**」と感謝して頂けた回数は数えきれません。

この日から、僕はセールスの場面での**ちょっとしたひと言**にこだわり、大きく結果を出せるようになりました。しかも僕の場合、センスや才能や気合で営業しているのではなく、**〝ちょっとしたひと言〟**を入れているだけなので、誰でも、すぐに、簡単に再現できてしまうテクニックです。

この章を通じて、セールスでも使える様々なひと言テクニックをお伝えしてきましたが、最終的には、まず伝える側が、**絶対に良いサービスなのだから、お申込みした方がお客様のため**だと心から思えるかが重要です。

誰だって思ってもいないことは言えません。自分が案内する商品やサービスの、特徴や利点、他社の類似商品との差別化ポイントや優位性を常に勉強して、深い知識をもとに根拠と確信をもって話ができる自分であることが大切です。

大丈夫。
あなたが今からお客様に案内する商品やサービスは、素晴らしいものなのだから。

Point

- 使う言葉を少し変えるだけで、結果は変わる
- 自分の商品の素晴らしさを信じる
- セールスとは、お客様の背中を押してあげられる最高の仕事

Chapter V：

『モチベーション』不変のやる気を生み出すひと言

1.「仕事は、何をやるかではなく、誰とやるかでもない」
——HOWで考える一生続くモチベーションの創り方

大前提として、**僕はモチベーションという言葉や考え方が嫌い**です。やる気があろうがなかろうが、プロとして仕事をする以上、高いクオリティで仕事をすることは当然だと思っているからです。だから僕は常にモチベーションは異常に高いし、外的要因で下がることもありません。でも、多くの人にはどうしても、このモチベーションの波があり、高いモチベーションを維持することが、仕事の成果にも直結してきます。

そこで、仕事に関して、自分自身のモチベーションの波に左右されずに生きるための考え方が、明確に1つあります。それは**「HOW」で仕事を考える**ということです。

特に若い頃は、多くの人が「自分に合う仕事って何だろう」「自分がやりたいこと、できることは何だろう」「どの会社が自分に向いているだろう」などと、**WHAT（何をやるか）**で仕事を考えます。

ところが、WHATはなかなか思い通りにいかないもの。たとえば、新入社員が入社後にやる気を失う理由として、「東京で働きたかったのに地方配属になってしまった」「企画部志望だったのに営業部になってしまった」「思っていたような会社ではなかった」などがよく挙げられます。

これらはまさに、自分の力ではどうしようもないことばかりです。WHATというのは、めちゃめちゃ外的要因に左右されるんですね。社長でも別にやりたいことだけやれるわけではなくて、状況に合わせてWHATを変えていかなければいけない。

つまり、WHATをモチベーションの源泉にして仕事をしていると、一生自分ではどうしようもできない不確かな外的要因に左右されて生きていくことになります。

また、「何をやるかよりも誰とやるか」という言葉もよく聞きます。これはWHATではなくて**WHO（誰とやるか）**で仕事を選ぶという考え方ですね。

それは一見カッコよく見えますが、結局このＷＨＯも自分の思い通りにはなりません。組織の中で部下は上司を選べないし、上司も部下を選べないケースが多い。取引先の人も数年後には退社しているかもしれない。なので、やはり外的要因に左右されてしまいます。

僕も、昔まさにこのＷＨＯでモチベーションを下げてしまったことがありました。

それは、**サンドウィッチ症候群**によるものです。

サンドウィッチ症候群とは、たとえば中間管理職が上司と部下に挟まれてどちらの言い分も聞いているうちに大きなストレスを感じたり、社外窓口担当者がクライアントの要望と自社のエンジニアの意見の食い違いの調整にストレスを受けたり、という〝**板挟み**〟に苦しむ状態のことを指します。

当時僕は、２人の異なる上司の元でプロジェクト立ち上げを任されていて、それぞれの上司からまったく別の指示や意見が飛んでくるという板挟み状態に陥っていました。

そして、あるときも、その２人の上司から、まったく違う指示が来ました。しかも、どちらの指示にもきちんと根拠があり、納得できる意見だったのです。余計に僕は困りましたし、どちらの上司ともうまくやらなければいけないプレッシャーからモチベーションを大きく落としました。

そんなときに、たまたま別の先輩が**「どうした、浮かない顔をして」**と声をかけてくれました。僕が状況を説明（今思えば、板挟みになっている〝可哀想な自分〟をアピールしたのだと思いますが……）すると、先輩は、息を深く吐きながら僕の目を見て言いました。

「へー、大変だね。で、〝自分〟はどうしたいの？」

このひと言で、気づかされたことがありました。このプロジェクトをリーダーとして任されているのは自分なのに、あの上司はこう言っている、この上司はこう言っている、ということばかりを考え、**「自分」という存在がそこにいなかったのです。**

そしてそれは、自分の知識とスキルが不足しているからだという結論になりました。自分が学び、考え抜いた状態であれば、必要以上に他人の意見にストレスを感じることもなく、プロジェクトリーダーとして、「僕はこう思う」と言葉にし、行動に移せたはずです。

モチベーション高く仕事をするには、自分を持つこと。そのためには勉強することが大切だということを痛感した出来事でした。

結局、WHATもWHOも自分ではコントロールできません。そんな外的要因に左右されることにモチベーションを向けても、安定してモチベーションを保つことはできないのです。

仮にやりたくもなかった仕事を苦手な人と一緒にやらなければならないという状況になったとしても、**HOW（どうやるか）**は自らの内的要因のみで決まります。その仕事に対して、どう考えてどう判断し、どうその状況下で最高のパフォーマンスを発揮するかは自分で決められるので、そこに喜びを見い出せれば、どんな外的要因が起きようとモチベーションは下がりません。

僕は自分の会社の新入社員には、**「仕事は、何をやるかより、誰とやるかより、〝どうやるか〟が大切」**というひと言を伝えています。そしてそれを実践する力をつけさせるために、定期的にメンバーの部署配置や業務内容を変えています。長い期間、同じ人たちに囲まれ同じ業務だけをやっていると職場が悪い意味で安住の地となり、その地を守ることにモチベーションが向いてしまうからです。安住の地を求めずに、どんな場所で誰と働いても高いモチベーションを保ち、新しいことに挑戦し続けられる人が、自分の仕事と向き合える人なのです。

Point

- 「仕事（WHAT）」や「一緒に働く人（WHO）」は、思い通りにならない
- 自分の思い通りにならないことをモチベーションの源泉にしてはいけない
- 目の前の仕事を「どうやるか（HOW）」だけは誰でも思い通りにできる

2.「世界一、社内でありがとうが溢れる会社へ」
――やりがいは、言葉で創り出せる

自社のインターンスタッフに、社長である僕が仕事に対する考え方を教わったことがあります。

セブ島の留学学校では、留学に来て下さる方に対して、セブの空港までお迎えに行きホテルまで送り届けるピックアップサービスを実施していました。**これが結構大変な仕事です。**空港まで片道1~2時間かかり、しかも当時は深夜便で到着する人が多かったため、夜中に空港まで行き、しかも飛行機が遅延して夜中の空港で何時間も待つこともあります。

なので正直な話、僕はこのピックアップ業務が内心かなり嫌でした。学校設立後はスタッフもほとんどいなかった為、自分で行っていましたが、事業が軌道に乗ってからはスタッフの数も急激に増えて、一気に色々な仕事を部下に任せられるようになりました。それ以降は僕がピックアップに行く機会はなくなったのです。

そんな頃、空港ピックアップを担当しているインターンスタッフから、こんなひと言を言われました。

「社長、僕は空港ピックアップの仕事って、最高の仕事だと思うんです」

「え？　空港ピックアップって正直かなり大変じゃない？」と素直にこちらの所感を伝えました。ところがその後に続く彼の言葉に感銘を受けました。

「だって、セブ島に着いて不安と期待で胸いっぱいの生徒さんに、一番最初に会って、その不安を安心へと変えて、やっぱり来てよかった！　これからセブで頑張ろう！　って思ってもらえるサポートをするんですよ。これこそ、最高の仕事じゃないですか？」

同じ仕事に対して、内心、手間がかかって大変だ、とマイナスな面を見てしまっていた僕と違って、現場の最前線で今その仕事をやってくれている彼は、**プラスの面に目を向けて全力で仕事をしてくれている。**彼に、社長の僕はとても大切な仕事の考え方を学ばせてもらったのです。こういう考え方が、仕事の上で大きな成果につながっていきます。

その後、僕は「空港ピックアップの仕事、僕にやらせてほしい」と懇願して、もう一度かつての自分が嫌がっていた仕事を最高の仕事に変えるために、全力で空港ピックアップを定期的にやり続けました。あれから何年も経ちますが、彼は今でも当時の関係を超えた僕の尊敬する友人です。

他にも、たとえばコールセンターという仕事も、やりがいを見出だしにくい仕事だと言われます。一番の理由は、**「お客様から直接〝ありがとう〟を頂く機会がかなり少ないから」**です。案件によりますが、どちらかというと感謝して頂けるどころかクレーム対応のほうが多い。では、そんな中で誰も〝ありがとう〟を伝える人がいないのか？　と言うとそんなことはないです。そう、社内で同僚同士が、上司と部下が、**ありがとうと伝え合う**ことは、どんな業種のどんな仕事内容でもできます。

お客様から直接ありがとうのお声が届きづらい仕事であれば、自分たちで届けあおう。こう想った僕はその年の社内スローガンを**「世界一、社内で〝ありがとう〟が溢れる会社へ」**にしました。

また、先輩が経営する上場企業のコールセンターを見学したときにとても驚いたことがありました。その会社はかなり大人数のスタッフを抱えていましたが、社長である先輩が、率先して廊下ですれ違うアルバイトの人たちに自分から挨拶をして、エレベータも先に乗ってもらうよう誘導して、〝ありがとう〟を**言葉と行動で示していました。**

大企業の社長は偉そうにしているものだという先入観をもっていた僕は、なんでそんなにもスタッフさんたちに丁寧に接しているんですか？　と質問をすると、このような返答が来ました。

「だって、従業員というのは、会社のために頑張ってくれている〝一番のお客様〟じゃないですか。普段お客様にありがとうございますと頭を下げているのに、従業員にはそれをしないなんて、おかしいと僕は思うんです」

どれだけ会社が大きくなっても**素直で謙虚**な方こそが、やはり会社を大きくできるのだと考えさせられた瞬間でした。

やりがいとは、仕事内容や業種で決まると思っている方が多いでしょう。でも僕は声を大にして伝えたいです。どんな仕事内容でも、どんな業種でも、**やりがいは必ず創り出せる**ことを。そして、そのやりがいとなるものの1つが、やはり言葉なのだということを。

Point

- 同じ仕事でも、プラスの面に目を向けることでやりがいを見出せる
- お客様から感謝の言葉を頂きにくい仕事ほど、チーム内で伝えあう
- 素直で謙虚、そして人に感謝の気持ちを忘れない人が仕事でも成果を出せる

3.「すっごく色々悩んだんだけど」——人はプロセスを知ることで納得し動く

リーダーは、決断の連続です。決断して、そしてそれを周囲に伝え、理解してもらい、納得してもらい、動いてもらわなければいけません。

仕事上の決断は、その場では正解か不正解かなんてわからないことがほとんどです。その先に結果が出れば正解ですし、結果が出なければ不正解だったとなるでしょう。そのときに正解がわからないからこそ、〝**決断**〟が必要なわけですよね。

僕がリーダーになりたての頃は、「決断力があるリーダーにならなければ」という一心で、1人でズバズバ物事を決めて、その決断を部下に一方的に伝えて落とし込んでいました。ところが、部下から受け入れられずに反発を受けて物事が進まなかったり、決断の意図が伝わらずに違った解釈をされてしまったりすることもありました。

僕としては考え抜いた上での決断のはずなのに、「あの人は現場をわかっていない」「思いつきで決められても困る」「そんな指示を出すなら自分でやってみてよ」と、散々に陰口を言われる日々。なんでわかってくれないんだ、決断内容に間違いはないはずなのに……と悲しい気持ちにさえなっていましたが、僕がそんな感情を抱けば抱くほど、部下たちとの距離は離れていくばかり。

その頃に痛感したのです。どんな決断内容だとしても、そもそも身近な人に**その決断が支持されなければ、物事がうまく進まず、結果が出ない。**つまり失敗に終わる可能性を高めてしまうということを。

僕のビジネスパートナーの1人の女性社長が、決断に対して部下からの支持率がとても高いのです。なぜ、彼女の決断はあんなにも周囲を納得させるのだろう。そう疑問をもち、何を決断しているかではなく、どのように**決断した内容を部下に伝えているのか、**を注意深く見てみました。

すると、彼女の伝え方にやはり明確なヒントがあったのです。

その社長は部下たちに伝えるときに、

「すっごく、色々悩んだんだけど」

というひと言を添えてから、決断した結果を話していました。このたったひと言に、誰からも支持される力があったのです。

「社長がそこまで時間も労力もかけて、私たちのことも考えてくれた上で、悩み、考え、決めたことなら、信じてやりきろう」

決断に至るまでのプロセスや、感情の動きや弱さをもさらけ出して「すっごく色々考えた」というひと言に集約して、それから決断内容を伝えることで、その人間らしさが聞く人の心に響き納得度が高くなっていたのです。

もしもあなたが自分の決断を、なかなか周囲が支持してくれないという場面に出合ったら、ぜひ、その決断に至るまでのあなたの悩みや迷い、色々な想いといきさつもセットにして、伝えてあげてください。

Point

- 決断には、その時点では正解も不正解もない
- 結果を出すためには、決断内容以上に周囲からの支持を得ることが大切
- 周囲からの納得性を高めるのは、結果以上に「悩み、色々考えた」感情の動き

4. 「お前がお前の達成を諦めても、俺がお前の達成を諦めない」

――言葉で背中を見せたひと言

前職で、はじめてチームリーダーになり、部下を持った月。あの月のことは忘れられません。あの1ヶ月がなかったら、今の自分は存在しない。今でも確かにそう思える、人生を変えた1ヶ月間でした。

当時は営業で毎月チームごとの売上目標があり、この目標を達成するために、各部署が一丸となって仕事をします。明確に数字で結果が分かれる仕事だったのですが、僕がチームを受け持つときに思ったことは〝**勝てる**〟でした。

営業という仕事柄、全体的に気合と根性の精神論が蔓延している風潮が社内にあったからです。気合は入っていて当たり前。**その上で、僕には〝戦略〟がある。**そこに勝機を見出して、チームリーダーとしての初仕事に臨んだのです。

しかし、当然、いざやってみると頭で思い描いた通りにはうまくいかない。月末に、**このままでは売上の目標を達成することは到底困難**という状況になりました。個人のお客様向けの商品を販売していたので、週末が売上を伸ばすチャンスなのですが、完璧な戦略を準備して臨んだはずの最後の土日で、売上が伸ばせなかったのです。

失意の中週末を終え、月末最終日は月曜日。数字を伸ばしにくい月曜日に、土日並みの結果を出さなければ売上目標には届かない。万策尽き果て、最終日前日の夜に僕は家で1人泣きました。

そして、あのときの心境はもうあまり思い出せず、なぜそのような行動を取ってしまったのかわからないのですが、既に心が折れてしまっていた僕は、チームのメンバー1人1人に、「**今月1ヶ月ありがとう。結果は出なかったけれど一緒に仕事ができてよかった**」というお別れのようなメールを、その月の最終日前日の夜に送ってしまったのです。

すると、メンバーたちから次々とメールが返ってきました。「**何を言ってるんですか、結果を出すのは、明日でしょう！**」と。チームリーダーである僕が諦めてしまっていたにもかかわらず、部下たちは誰ひとり諦めていなかったのです。「あと1日。1日だけ頑張ってみよう」僕はもう一度立ち上がることができました。この日、結果が出なければもうリーダーは降りよう。そう覚悟を決めて、最終日の仕事に臨んだのです。

決意の最終日。チーム全員が朝から奮闘してくれて、順調に数値が伸びました。あと少し、あと少し。それでも夕方の時間帯になって伸びが止まってしまいます。この時間帯に、当時の上司も現場で一緒に指揮を執ってくれました。それでも、伸び悩む数字。刻一刻と迫る時間。このままでは、やはり達成できない。**やっぱり僕にはムリだったんだ。**上司もわざわざ僕のチームを見てくれているけれど、この状況では、うちよりも達成確率が高い部署のサポートに回ったほうがいいに決まっている。ここで僕はもう一度心が折れてしまい、上司にこう告げました。

「すみません。もう頑張っても達成は無理だと思うので諦めます。本当にありがとうございました。だから、他のチームのサポートにまわってください」それに対して上司が言ってくれたのが、この言葉でした。

「何を言っているんだ。お前がお前の達成を諦めても、俺はお前の達成を諦めないよ」

〝理論〟や〝戦略〟を超える〝想い〟。上司も部下も、本当に皆が、僕よりも僕のことを考えてくれて、自分より自分の達成を願ってくれている。それなのに、僕自身が自分を信じられなくてどうする？　上司の言葉を聞いて、そう思いました。そうして、そこからまた数字が動き出します。夜にかけて、奇跡のように数字が伸びて、何度も何度も見失いかけた目標を、**遂に、達成することができたのです。**

リーダーをはじめて体験した怒涛の1ヶ月間。もしこのとき、目標を達成できていなかったら、今の僕は確実にいなかったと思います。社長になることもなかったでしょう。絶望的な状況から、それでも頑張れたのは、上司のため、部下のため、**誰かの為にやり遂げる想いの強さ**を知ったからです。

自分の為だけには、中途半端にしか頑張れなかった僕が、はじめて自分を超えることができたのがこのときでした。それはまさに、**大切な人のためであればやり抜くことができる自分**と出逢えた瞬間でした。

人の心は強くありません。何かがあればすぐに折れそうになります。でも、そんな自分を支えてくれる誰かの言葉があることを、忘れてはいけない。あのときの恩返しに、今度は僕が、**誰かが苦しんでいるときは、その人以上にその人を信じて、背中を押せるひと言を伝えられるように。**そう思って、今日も大切な人たちと仕事をするのです。

Point

- **自分が自分を信じられなくても、自分以上に自分を信じてくれる人がいる**
- **自分のためだけに頑張れないときは、大切な誰かのためにやり遂げる**
- **それはときに、どれだけ素晴らしい理論や戦略をも超える**

5.「ここだけ直してほしい」——より良い未来に向けた次のアクションを起こせるひと言

これも起業前の話です。マネージャーとして管轄が拡がり、新しい部署のメンバーの管理も行うようになったときのことでした。さっそく、新しく部下になったメンバーの1人が、**「結果が出なくて悩んでいる」**と僕に相談に来たのです。

僕はその部下の仕事のパフォーマンスを見た上で、結果が出ないのは当然だと思いました。なぜなら、彼女には明らかに足りない部分があったからです。そこを改善しない限り、結果は出ないだろうなというのが正直な所感でした。

相談を受けたとき、僕はハッキリとその旨を伝えました。「そりゃ結果出ないよ。だって、○○が明らかにできていないよ」

当時まだ何か伝え方を意識していたわけではありませんでしたが、僕はそのまま次のようなひと言を告げました。

「だから、ここだけ直してほしい。でも逆に言えば、ここを直せばすぐに結果は出ると思う。だから信じて改善してみてほしいんだよね。ここが直っても結果が出なかったら、それは僕の責任だから」

ごく当たり前のことを言ったつもりでしたが、彼女はこの言葉になぜか喜んでいたのです。どうしたの、と聞くと、「前の上司に相談しても、『大丈夫だよ、自信をもって頑張ろう！』としか言ってくれなかったんです。でも、私は大丈夫じゃないから相談していたので、具体的なアドバイスがほしかった。だから今日は希望が持てました」との返答でした。

このときに僕は思いました。**希望とは、次に自分が起こすべきアクションが明確な状態**のことを指すのだと。仮に現状がうまくいっていなくても、次はここに手を打とう、これを改善しよう、この施策を試してみよう、と次のアクションが明確であれば人は希望をもって頑張れます。

ただ、一体何をどうしたらいいのかわからないという状態に希望はありません。なので、希望を持つということは、楽観視して漠然とした未来に想いを馳せることではなく、楽観も悲観もせずに**現実を直視し、より良い未来に向けた次のアクションを起こす**ことなのだと。

そのため、**上司はチーム全体と部下1人1人の、次のアクションを提示すること**が大きな仕事です。ただの励ましであれば友達でもできます。でも、問題点を発掘し、改善策を立案して、仮説を立てて実行し、検証する。これはマネージャーにしかできない仕事です。だから**「ここだけ直してほしい」**は、部下1人1人の仕事と向き合うからこそ出てくるメッセージなのです。

さらに「ここ」と具体的に指摘することで、**「悪いのはあなたではなくてこの部分」**とはっきりさせることもできます。仕事がうまくいかないと、自分が悪いと自信を失ってしまうケースも少なくないですし、人は「自分が責められている」と感じると寄り添ったアドバイスさえもただの批判に感じ、自分を正当化することで頭がいっぱいになってしまい、改善どころではなくなってしまいます。

そして、「もし指摘したところを直しても結果が出ないのであれば、それは君の責任ではなくて、リーダーの責任」という姿勢を明確に打ち出すことで、安心して仕事に取り組んでもらえるはずです。

Point

- 悩んでいる部下がいたら励ましではなく、具体的な次のアクションを提示
- 指摘するときは「ここだけ」と限定して、あくまでその人そのものを責めているわけではないことを伝える
- 未来に向けた次のアクションが明確なら新たなモチベーションが生まれる

6.「モチベーション下げてる場合じゃないでしょう、凄いことをやっているんだから」
——視座が仕事を決める

僕の父は教師です。しかも、かなり変人の部類の教師でした。そんな父は小学校の教諭として定年まで勤めたのちに、僕がセブ島で立ち上げた、現地のフィリピン人向けの日本語学校の教師として、セブに移住して教鞭を執ってくれました。今現在も、父はセブ島在住です。そんな父が過去にくれたひと言が、僕の現在の仕事観を創り上げることになったのです。

僕が25歳の頃、小学校の教師として働く友人に久し振りに逢ったときのことです。彼の仕事の近況について聞くと、**「正直、教師という仕事に対する情熱が、1年目に比べると少し落ちてきてしまっている」**と話しはじめました。新卒で教師になって3年目。良くも悪くも仕事に慣れてきて最初のような熱意は薄れ、業務をこなす感覚になっている自分がいる。公務員だから、目の前の生徒の成績を向上させたところで、給料が上がるわけでもない。何をモチベーションに頑張ればいいのかわからない……。

そこで、僕の父のことも知っていた友人は「お前の、あの変人のお父さんが一体どうやって長年、教師としてモチベーションを保ち続けたのか知りたいから、話を聞かせてほしい」と言葉を続けました。

父がどのような返答をするのか、興味が湧いた僕は、彼と一緒に僕の父のもとに向かうことにしました。彼が同じ内容をそのまま父に向かって話しはじめると、友人の悩みを聞いた父の第1声は、**「教師という仕事を、どう考えるかだよね」**でした。

「自分の目の前の生徒たちの中から、10年後、20年後に、世界を変える偉人が現れるかもしれないし、平凡な大人が生まれるかもしれないし、もしかしたら犯罪者が育つかもしれない。**それはすべて、教師である自分の、今この瞬間の指導と発言と背中で決まると思っている。**つまり、教師の仕事というのは、ただ生徒のテストの点数を上げることなんかではない。10年後、20年後の世界を、未来を創っているんだよ」

父の言葉は、僕と友人の胸を打ったひと言へと続きました。

「だから、モチベーションを下げている場合じゃないでしょう。凄いことをやっているんだから」

この父の話は、今も僕の仕事に対するモチベーションの根幹を成しています。目の前の作業に目を向けるのではなく、自分の仕事がその先に何につながっているのか。膨大な業務量に忙殺されたり、何も変わらない日々のルーティーン作業にマンネリしてしまっていたり、苦境に立たされ問題から目を背けたくなったりしたときには、必ずこの父の言葉を思い出すようにしています。

この言葉を受けた5年後に僕は英語学校を設立し教師をマネージメントする立場になり、また自らビジネスや伝え方について講師として人を指導育成するようにもなりました。実際に教育事業に携わっているわけではなくても、日常の仕事で、顧客や部下や取引先に対して、何かを教える立場になることがある人も多いと思いますが、数々の講師を育成してきた僕が教育現場で感じる、指導者としての大切なことが2つあります。

①自ら生徒であり続けること

優秀な教師ほど、自ら生徒であり続けます。自らが他の講師から学ぶ場や自己学習の場を意識的に設け続け、素直で謙虚な姿勢で他人からの教えに耳を傾けます。僕が経営する英語学校でも100名以上の講師を抱えていましたが、生徒から支持される先生ほど、常に学んでいるという傾向は明確に出ていました。

②スキルの、その先を教えることができる

ただのスキル研修であれば、本やGoogleでも学べることもあるでしょう。それでも、〝その人〟からしか学べないことがあるからこそ、人間に教わる価値があります。その人の経験や体験、想いやストーリーから生まれたメソッドだからこそ、伝わるものがあるのです。アメリカの教育者、ウィリアム・ウォードの言葉で次の一節があります。**「平凡な先生はただ話す。良い先生は説明する。優れた先生はやって見せる。そして、偉大な先生は心に火をつける」**

僕も自社の英語講師たちに、ただ英語のスキルを教えるのではなく、**「英語が話せるようになることで生まれるその生徒の未来」**を教えてあげてほしいと伝え続けていました。このようなマネージメントができたのも、父の影響が大きいのかもしれません。

Point

- 自分の仕事が生み出す未来を考えることで、不変のやる気で仕事ができる
- 教える立場の人ほど、自分が生徒であり続けることが大切
- 未来をともに描き、その人の心に灯をともすことができるのが、偉大な教師

7.「なんだかよくわからないけど、やりましょう」
――決意と覚悟が伝わった言葉

起業する人にとって、最初のハードルとなるのが仲間集めかもしれません。ビジネスモデルによっては1人ではじめることもありますが、多くの場合、会社を起こす際にはまず、一緒に立ち上げて働いてくれる人を探すことになるでしょう。

もちろん、起業家とは、これから大きなことを成し遂げようとしている人なので、目の前の仲間ひとり口説き落とせなければ取引先も口説けないし、目の前の仲間ひとりの心を動かせなければこの先、何万人もの顧客の心を動かすこともできません。そういう意味でも本当に最初の試練となります。

僕には、起業するときは、この人を誘おうと心に決めている人が何人かいました。

その中の1人に実際に声をかけたときのことは今でも忘れられません。彼は前職の部下で、何年ものつきあいがありました。夢とヴィジョンを掲げてセールスやマネージメントを得意とする僕に対して、彼はＩＴスキルやシステム管理を得意とする理論派。僕がもっていない物をもっている人で、今まで積み上げてきた信頼関係もある。一緒に夢を追いかけたい。そう思って、まだなんの事業アイディアもない時点で誘ったのです。

何も決まっていない段階だったとはいえ、当時の僕の誘い方は、あまりに酷かったと思います。

「会社を立ち上げようと思ってるんだよね、一緒にやろうよ」

ここまでは良かったのですが、この後、彼はこう返して来ました。

「なんの会社やるんですか？」

ごく真っ当な質問です。しかし、僕は何をやるかまったく決めておらず、アイディアもありません。

その後、僕の口から出たあまりに酷いひと言が、これでした。

「いやー。まだよくわかんないけど、とりあえずやろうよ」

2人の間に沈黙が流れました。さすがに当時の僕でも、話し終えた瞬間に、いくらなんでもこんな誘い方だとさすがに断られるな……。そう思いました。

ところが、少し間をおいて、彼はこう言ったのです。

「わかりました。何だかよくわからないけど、一緒にやりましょう」

それは、そのときの僕にとって、とてつもなく大きなひと言でした。仲間が1人決まったことが嬉しいのではなく（もちろん嬉しいですが）、**そのひと言**が、嬉しかったのです。

この人は、損得抜きで、メリットやデメリットではなく、「早川諒だから」という理由で、こんな何もない状態でも一緒にやることを決めてくれた。その決意が、その覚悟が込められたひと言に、誘った側の僕のほうが強く心を揺り動かされました。当時の僕には、なぜこのひと言に感動したか、これ以上深くはわかりませんでしたが、今振り返ると理論的に解説することができます。

それは、次の公式によるものでした。

①ネガティブワード→②だけど→③ポジティブワード

このテンプレートが使われているのです。いきなりのただのポジティブな発言よりも、先にネガティブな言葉を入れた上で、それでもポジティブな言葉を伝えることで、相手の心に強く残るのです。起業を誘った彼の例で言うと、

①何だかよくわからない
②けど
③やりましょう

となっていました。

もし、このときの彼の言葉が、

「全然いいですよ！　やりましょう！」（①ポジティブワード→②ポジティブワード）

だとしたら、印象はどう変わるかというと、

この人、本当にちゃんと考えて発言してくれているのかな……

その場のノリで言ってるだけなんじゃないかな……

単なる楽観主義の人なのかな……

と、不安を覚えたかもしれません。

ところが、ネガティブワードで**「前置き」**を入れることで、この人は何も考えていないわけでも、単なる楽観主義なわけでもない。現状のネガティブな状況をしっかりと理解しながら、それでもポジティブな決断をして、ポジティブな行動を起こそうとしてくれていることが相手に伝わり信頼感が増します。

この公式は、他にもこのような応用が可能です。いずれも、ただポジティブワードだけ

で伝えるよりも、重みが増し、覚悟や信念が伝わり信頼を勝ち取れる伝え方となります。


「確かに大変な状況だ。それでも充分にチャンスはある」

「その日は予定パンパンですが、あなたとご飯に行けるなら空けます」

「この施策は売上には直接結びつかない。でも顧客満足度が大きく伸びるはずだ」

「とても忙しいよね？　だけどあと1件だけ、お願いできないかな？」

Point

- 大きなことを成し遂げたければ、まず目の前の1人の心を動かすこと
- ネガティブワード＋だけど＋ポジティブワードの公式で話す
- ネガティブな言葉で前置きをあえて入れることで、決意や覚悟が伝わる

8.「大丈夫ですよ、社長」
——最も苦しかった時期を救ってくれたひと言

2020年から世界的に流行した新型コロナウィルスの出現により、人生が大きく変わった人も多いと思います。まさに、僕もその1人でした。会社の柱の事業だった海外留学学校の経営は、コロナの影響が完全に直撃した業界の1つです。

今でも忘れもしない2020年3月13日。突如、セブ市より、市内の全教育機関への通達が届きます。それは、**「来週から対面での授業提供を当面の間、完全に停止するように」**という内容です。

当時の情勢を考えると仕方がないとは思いますが、学校経営者にとって授業を止めろ、というのは死刑宣告も同然でした。しかも、来週から止めろと言われたのが金曜日の午後。つまり、今日中に、残り数時間で来週以降の対応を決めなければいけない。その上で、フィリピン人の先生たちや日本人の生徒たちへの説明。日本人スタッフへの指示。人生を振り返っても、あの2020年3月13日の午後ほど、神経がすり減った数時間はないかもしれません。

さらに厳しい状況だったのが、僕が東京にいたこと。当時、セブ島と東京にオフィスをもっていたのですが、ちょうど東京に滞在している期間に、セブの学校の休校指示が出たため、この緊急事態を僕は東京の事務所からリモートで、大混乱の真っ只中にいる現地スタッフとやりとりして対応していかなければいけませんでした。

大変なことになった。これは日本での予定を早く切り上げて、セブ島にすぐに戻らないと。そう考えているうちに、あっという間にフィリピンは世界最長とも言われるロックダウン状態になってしまい、日本からフィリピンへ入国ができない。飛行機ももう飛ばない。そんな状況になりました。

刻一刻と変わる状況の中で、日本からセブの現地にいるスタッフたちにオンライン上で指示を出す日々。不安と混乱の最中にいるスタッフたちと同じ空間にいることができない、同じ境遇で動けないもどかしさは僕にとってもスタッフたちにとっても大きく、**そのもどかしさは不安へ、やがて軋轢へと**変わっていきました。

あるとき、僕があるスタッフに遠隔で指示を出している最中に、突然そのスタッフが黙り込んでしまいました。

「どうしたの？　聞いてる？」僕も大きな不安と焦りの中で、彼の態度に苛立ち、次第に声を荒げてしまいました。

「どうしたの！　聞いてる？」すると彼も大きな声で被せて来ました。

「それよりも早川社長、今すぐセブに戻って来てくださいよ！　私たちが現場でどれだけ大変かわかってますか？　いいですよね、社長は。私たちがこんな状況なのに日本にいて！」

「いや、飛行機もう飛んでないし、行きたくても行けないのわかってるでしょ？」

「わかってますよ……」それから少しの沈黙の後、そのスタッフは小さく言いました。

「申し訳ありませんでした」

このままでは、現場のスタッフたちも心身ともに限界を迎えてしまう。そう思って僕は全員とオンラインでの個別面談をすることに決めました。

とにかく、僕自身、この先どうなるかなんてわからないけれど、皆に「大丈夫だよ」って。その言葉を僕が直接1人1人に伝えなければいけない。そう思って、面談の場を設けたのです。

ところが、いざスタッフたちと話をすると、逆に僕が信じられないひと言をもらったのです。

「社長、大丈夫ですか？」

先に相手を気遣うひと言をくれたのは、彼らスタッフたちでした。続けて、こんなふうに言われたのです。

「大丈夫ですよ。私たちは大丈夫です。会社もきっと大丈夫です。だから社長、頑張りましょう。」

本来、僕の言うべき言葉。僕が彼らに伝えなければいけなかった言葉でした。その言葉をもらって僕は「うん、きっと大丈夫だよね。ありがとう」こう返すのがやっとでした。面談が終わった後、僕は泣きました。

自分たちが大丈夫じゃない状況の中で、それでも相手を気遣い、相手に大丈夫という言葉を投げかける強さと優しさ。そのたったひと言で、僕の心には消えかけていた炎がもう一度燃え盛り、会社の再建へ向けた狼煙《のろし》となったのです。

必ずやり遂げる。そう心に誓った僕たちは、コロナ以前の売上や利益を大きく超える業績をその後出すことができました。

今も、これからも、生きていく上で、仕事をする上で、多くの壁が立ちはだかり、不安になり悩み苦しむことがあるでしょう。

それでも僕は自分がそんな状況のときほど、誰かに「**大丈夫**」と伝えてあげられる人でいたいです。

その、たったひと言が、人の心を動かし、人生を動かすことを、知っているから。

Point

- 苦しい状況のときほど、言葉が人間関係を築く
- 自分が大変なときほど、誰かを気遣い励ますひと言を伝える
- 大丈夫というたったひと言が大きな支えになる

おわりに

本書をここまで読んで頂き、本当にありがとうございます。

最後に、僕がなぜ、ここまで〝ひと言〟にこだわるのか。そのことをお伝えさせて頂きます。

起業して間もない頃、母の余命がもう数か月も残されていないことを知りました。当時の僕はセブ島で会社の立ち上げ準備をしている真っ最中。英語学校のオープン数か月前のことでした。最初に雇ったスタッフたちとともに日本からセブに移住した僕は、スタッフたちにも**「僕たちは成功するまで二度と日本には帰らない」**と決意の言葉を投げかけていました。

海外で起業して大きなことを成し遂げる。

そんな壮大な夢を掲げて海を渡り現地で動き回っていた僕は、母の状態を知り、誰よりも早く日本に一時帰国することになりました。現地のスタッフは、〝社長、そんな状況で、セブに戻ってこれるんですか?〟と心配そうに問いかけました。僕は、わからない。としか伝えられませんでした。母に逢って、どんな言葉を交わし、何を感じるのか。とてつもなく大きな不安を抱えて、日本に到着してすぐに病院に駆けつけたのです。

病室の扉を開くと、そこには今までと変わらない様子の母がいました。今目の前にいる人がもうすぐいなくなってしまうなんて信じられない。逢うことで、余計にそう感じました。

母には僕の近況を聞かれ、セブ島で会社の立ち上げ準備をしている、もうすぐ学校を開校するんだと伝えると、ひと言。**「今すぐセブに戻って頑張ってきなさい。待っている人たちがいるんでしょう」**と言われました。このときの母の言葉が違うものだったら、その後の僕の会社や留学学校は、もしかしたらはじまることすらなく、終わっていたのかもしれません。そうして背中を押された僕は、再びセブに戻り、学校を無事にオープンさせることができました。

それから、立ち上げ期に不眠不休で現場稼働をしながら、少しでも時間ができれば日本に戻り母のお見舞いに行くようになりました。何度目かに母のもとを訪れたときに、母から手紙を渡されました。「あとで読んでね」そう言われて病室を後にした僕は、その手紙を読みながらはじめて、「ああ、本当にもういなくなってしまうんだ」と実感しました。その手紙には、

「もしも、あと5年生きられるのなら」

というひと言が書かれていました。

そして、その言葉に続き、これからの5年間で叶えたい夢がそこには書き込まれていました。その夢の1つが、**「セブ島に行って自分の息子が創った学校に行ってみたい」**という

ものだったのです。母の残された時間から考えて、その他に書かれていた夢たちは、到底実現できるものではありませんでした。でも、〝セブ島に行く〟であれば、もしかしたら……。

そして僕たち家族は、最後の家族旅行計画を立てました。主治医の先生からも許可をもらい、「現地で何かあったらこれを現地の病院で見せてください」とカルテも書いてくれました。それ以来、お見舞いに行くたびに、母はセブ島のガイドブックを読みながら、**「セブに行ったらこのお店に行きたい、このご飯を食べに行きたい。わたし絶対に行くからね」**と僕よりもセブに詳しくなっていて子供のように無邪気に笑っていました。

セブに想いを馳せて話をするときの母は、一段と元気を取り戻し、また僕たち家族に、その先に待つ絶望を一時忘れさせてくれたのです。このまま本当にセブ島に家族みんなで行けるかもしれない。そう思っていました。

けれど、セブに行こうと計画を立てていたその日が訪れても、そのとき母は立ち上がることができませんでした。「ごめんね、セブに行けなくて……」かすかに声を震わせて僕の目を見ながら伝えてくれたその言葉を背に、僕は家族と一緒ではなく1人でセブに戻ったのです。

その数日後に、父から連絡がありました。急いで日本に帰ってくるようにと。その頃はちょうど月末。業務が立て込んでおり、セブの現場をすぐに離れられる状況ではありませんでした。

「今日中に仕事を整理して、明日の朝の便で戻るね」そう父に伝えましたが、すぐにスタッフたちが「私たちが全部やるので、すぐに日本に戻ってください！」と言ってくれました。タクシーを拾って空港に向かい、空港の窓口でその日一番早く出る便のチケットをその場で購入しました。成田空港からスカイライナーに乗って病院へと向かう、その道中で母との様々な想い出が浮かんでは消えていきました。

今までも何度も、**不安に押しつぶされそうになりながら開いた病室の扉。**それでもいつも、その扉の先には変わらない母の温かい笑顔が迎えてくれました。「なんだ、元気そうじゃん」それが毎回の僕の第1声でした。今回も、同じように僕はそう言うのだろう。そう信じて開けたドアの向こう側には、もう動けなくなっていた母の姿がありました。もうあの笑顔はそこにはありませんでした。ああ、最後なんだ。もう本当にお別れなんだ。ふらふらと力なくベッドに近づいた僕は、必死に母の手を握りました。そして家族が見守る中、母は僕のことを待っていてくれていたかのように、僕が到着した数時間後に、息を引き取りました。そのとき、そのベッドの枕元にはセブ島のガイドブックが置かれたまま。それを見つめながら、僕は悲しさ以上に、悔しさで、それまで堪えていたはずの涙が頬へと溢れこぼれていくのを感じました。

僕は結局、1つとして、母の夢を叶えてあげることができなかったのです。それでも、想いました。叶うはずのなかった夢。母も自分でわかっていたはずです。僕はそれまで、夢は叶わなければ意味がないと思っていました。でも、そうではなかった。**叶わないはずの夢を、それでも言葉にして、最後の瞬間まで懸命に生き抜いた母の姿は、とても美しく格好良く僕の瞳に移りました。**

あれから何年もの月日が経ちました。あの人が生きたかったはずの5年間。僕は果たして、あの人の分まで懸命に命を燃やせているのだろうか。常に問いかけながら、たくさんの苦難を超えて歩いて来ました。僕たちに残された時間は思っているよりも遙かに短い。今、僕がいる場所は、あの人がどれだけ行きたいと願っても来ることができなかった場所で、今僕が過ごしている時間は、**「もしも、あと5年生きられるなら」**と夢を語ったあの人が過ごしたかったはずの時間。だからこそ、叶わなくてもいい、誰かに笑われてもいい。夢を追いかけて最後の瞬間まで全力で駆け抜けることの大切さを忘れずに今を生きるんだ。そう、あの日の母が、教えてくれました。

本書をここまでおつきあい頂いたあなたに、最後にお伝えしたいです。

言葉が夢を描き、言葉が人を創り、言葉が未来を動かすということを。

あなたが伝えるそのひと言が、誰かの人生を変えるほどの感動を生み出し、未来を創り出すかもしれません。

だからこそ言葉を磨き、心を込めて伝えてあげてください。

大切な人に、
大切な、そのひと言を。

２０２３年３月31日

早川諒

◆公式LINE

早川 諒の近況や最新情報を配信中。
本書に公開しきれなかった“ひと言”紹介の
動画プレゼント中！

◆オンラインサロン　Facebookページ

早川 諒の頭の中を公開！
手掛けている事業や活動について配信中。

●著者プロフィール
早川 諒（はやかわ りょう）

最終学歴は中卒。10代で音楽活動に打ち込むも挫折。20代で東証プライム上場企業に入社。個人でトップレベルの営業成績をおさめたのちにマネージャーとして全国１位の業績を出し、27歳で同社の子会社社長に就任。

30歳で独立起業し、英語力ゼロ・海外経験ゼロでセブ島に移住する。セブ島で「０円留学」という斬新な留学プランを提供する英語学校を創立。「０円留学」は大きな話題を呼び数々のメディアに取り上げられ、4,000名以上の卒業生を輩出。その後、東京、沖縄、壱岐、ハワイ、バリ島へと海外・国内問わず事業を広げ、現在は７社を経営する。

セールス・マネージメント・チーム創りなど、あらゆる場面で運命を切り拓いてきた「言葉の力」を再現性のあるノウハウに変えて講演や研修を通じて指導している。

4000名を成功に導き、人生を変えた
最強のひと言

2023年4月17日　初版第１刷発行

著　　者／早川　諒
発 行 者／赤井　仁
発 行 所／ゴマブックス株式会社
〒153–0064
東京都目黒区下目黒１丁目８番１号
アルコタワー７階
印刷・製本／日本ハイコム株式会社

カバーデザイン／中井辰也

ISBN978-4-8149-2259-8